タチウオ釣り
全部わかるBOOK

つり人社書籍編集部 編

つり人社

目次

タチウオ釣り
全部わかるBOOK

タチウオ釣り
全部わかるBOOK

構成・編集・写真 高崎冬樹（編集企画 EEL）
カバー・表紙装丁 唐木 潤
イラスト 堀口順一朗

prologue

タチウオという魚と代表的な釣りスタイル

アジやマダイ、ヒラメなどにくらべてタチウオは非常に特徴のある魚である。刀のように細長い体つきだけでなく、海中では頭を上に向けて立ち泳ぎする生態を持つため釣り方も独特。本書では関西エリアの釣り方をメインで紹介するが、具体的な釣り方に入る前に、まずタチウオという魚のプロフィール、おおまかな釣りの種類について簡単に説明しておこう。

銀色に輝く細長い刀剣のような魚体はまさにサーベルフィッシュ、標準和名のタチウオは北海道以南の日本沿岸各地の大陸棚域に分布し、大きいもので全長1・5mにも成長する。全国的にみても水産重要魚種であり、釣りをしない人でも、その姿をイメージできるポピュラーな魚で、陸《おか》っぱり、船釣りを問わず各地で遊漁が盛んである。

最大の特徴であるシルバーに輝く体表にはウロコがなく銀白色のグアニン層と呼ばれる皮膜で保護されている。触れると簡単に剥がれ手に付着するのがグアニン層だ。ウロコがないため料理が簡単で手間なし、塩焼きに唐揚げ、刺身と食べて美味しいのも人気の理由で「銀白のグアニンこそがタチウオの風味」という料理人も多い。歯はカミソリのように鋭い。主に生きた小魚などを襲って捕食する獰猛《どうもう》なフィッシュイーターで、釣りのエサにもイワシやキビナゴ、ドジョウなどの小魚類が使われることが多く、そんな小魚をイミテートしたルアーへの反応もよい。

釣り人の我々がタチウオと呼んで相手をしてもらっているのは標準和名のタチウオ1種だけではない。世界中の亜熱帯と温帯の海域にタチウオ科タチウオ属の魚が生息しており、以前はすべて同種と思われていた標準和名タチウオのなかにも、近年の研究では「別種が混じっているのでは

タチウオの歯は非常に鋭いので指が触れただけでもスパッと切れてしまう。この歯で小魚を襲って捕食しているのだ

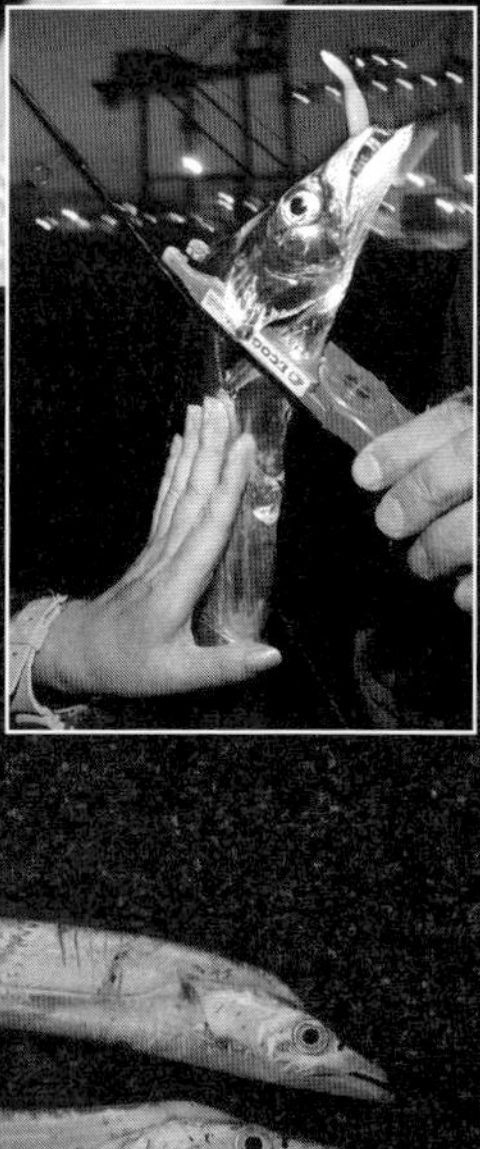

関西の釣り人がタチウオの大きさを人に伝える際に利用しているのが指幅の本数。おおむね指４本以上なら良型だ

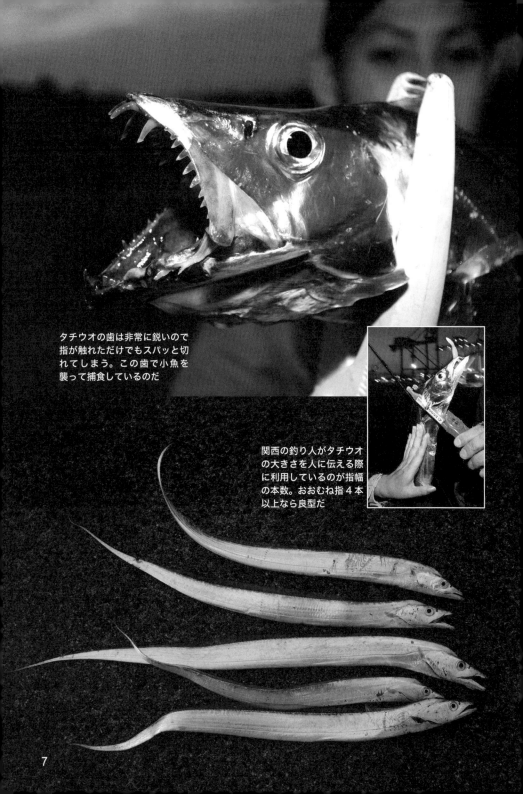

もうすぐ日没、時合到来。秋になると大阪湾岸の防波堤や護岸、有名釣り場にはタチウオをねらう釣り人がズラリと並ぶ

ないか？」という説が出てきている。また日本のタチウオにも地域による系群があるだけでなく、「眼が大きく白っぽい体色で体高がやや高い白手」と、「眼がやや小さく黒っぽい体色で体高がやや低い黒手」と呼ばれる2タイプの変異が確認されており、別種の可能性もあるらしい。

もともと標準和名タチウオ以外にも日本近海には同じタチウオ科タチウオ属の別種で南方系のテンジクタチ、オキナワオオタチの2種が分布。近年、釣りのターゲットとして注目を集めている沖縄のオフショア、特に深場で釣れる全長2mに迫る超大型はオキナワオオタチだ。また九州南部を中心にキビレ、キビレタチウオという名前で釣り人が区別している大型種はテンジクタチ。テンジクタチは日本近海では沖縄や九州南部に多く、非常に大型化するタチウオで魚類学上は和歌山県南部にも分布するとされている。

テンジクタチの特徴はキビレという名前からも分かるとおり、背ビレが黄色みを帯び上半分が暗色である点。ただ大型化する前の若い個体に関してはヒレの黄色は顕著ではなく、タチウオと小型のテンジクタチの区別は難しい。性格的にはテンジクタチのほうが、より獰猛といわれている。関西エリア、特に大阪湾で釣れるタチウオは標準和名タチウオがメインなのは間違いないが、もしかしたら大型化す

大阪湾には一文字と呼ばれる沖堤も多い。シーズンになると一文字行きの渡船は思い思いの釣り方でタチウオをねらうアングラーでいっぱいになる

る前のテンジクタチが混じっているのかもしれない。

いずれにしても関西エリアでのタチウオ釣り人気はすさまじい。大阪湾周辺では例年7月末から一部の釣り場で釣れ始め8月末から9月頭には、ほぼ全域でシーズン入りする。一旦タチウオが釣れ始めると、週末の夕方などは人気ポイントの防波堤や護岸はタチウオをねらう釣り人でぎっしり。また大阪府や兵庫県から出船する遊漁船のほとんどはタチウオねらいにシフトし、代表的なポイントである神戸沖や洲本沖などに数多くの遊漁船が集結する。

防波堤や護岸からの釣り、いわゆる陸っぱりでは古くから盛んだった引き釣り、ウキ釣りに加えて近年はルアーフィッシングが盛ん。特にワインド釣法に代表されるソフトルアーであるワームを使用した釣りが人気だ。

引き釣りとは独特のテンヤにエサのドジョウやキビナゴを縛り付け、沖に向かって投げて沈めては足下までゆっくり引いてくるという釣り。タマヅメ、タチウオの食いが活発な時合に手返しよく数が釣れる。キビナゴなどをエサにして電気ウキを流すウキ釣りは数を釣るうえでは引き釣りに及ばないが、時合終了後もアタリが長く続き、のんびり釣るにはもってこい。ワインド釣法は簡単にいうとジグヘッドとワームを組み合わせたルアーを海中で立体的に

船釣りの人気も高い。近年は夏場から翌年3月ごろまでタチウオ釣りに出船する遊漁船も多い。写真は神戸沖のポイント

ダートさせ、タチウオにアピールして食わせる方法。引き釣り同様、時合集中の能率的な釣り方で、エサの準備が不用なこともあり若い釣り人を中心に人気爆発。防波堤に並んだほとんどの人がワインド、ということも珍しくない。

一方、遊漁船を利用した船釣りではテンヤ釣りとジギングが二大勢力。陸っぱりの釣りが朝夕マヅメや夜間の釣りであるのに対し、船は日中の釣りだ。テンヤ釣りは引き釣り用よりはるかに大きい40号という大型テンヤに冷凍イワシなどのエサを縛り付け水深数十mの海底まで沈め、仕掛けを引き上げながらタチウオのアタリを取る。ジギングは100g以上のメタルジグを海底まで沈め、ジャークなどのアクションを加えながら引き上げてタチウオをヒットさせる釣り方だ。いずれにしても陸っぱりよりも数多く、また1mをオーバーする大型が釣れる確率が非常に高い。

関西エリアではタチウオのサイズを示す場合、全長何cmという普遍的なものに加え指4本、指5本半など手の指の幅で表現する場合も多い。人により手の大きさが違うため正確ではないが、釣果を大まかに伝えるという意味では簡単なので、多くの釣り人に浸透している、また最低で全長1m以上、指の幅5本以上の大型をドラゴン、ドラゴン級と呼んで特別視している。

section1

陸っぱり編

タチウオ釣りの魅力は何といっても手近な防波堤や護岸から気軽にサオがだせ、ごく短時間で納得いく釣果も期待できる点。ルアーフィッシングからエサ釣りまで主だった釣りの概要から釣り場での実際について。

陸っぱりの釣りシーズン・時合・釣り場

●シーズン

大阪湾を中心とした関西圏でのタチウオ釣りシーズンは陸っぱりの場合、初夏から晩秋である。例年、シーズン本番を迎えるのはお盆を過ぎ、朝夕わずかに秋の気配が感じられるころだ。ピークは9〜10月で12月初旬にほぼ終盤を迎える。年明けの1月初旬までねらえる場合があるが釣れてもごくわずか。またシーズン本番に先がけて大阪湾奥では7月末に「夏タチ」と呼ばれる指幅2本から大きくて3本までの小型が爆発的に釣れることがあるが、年回りによってムラがある。

同じ関西圏でも外海から入ってくるタチウオの回遊ルートに当たる和歌山県北部の和歌山市周辺や、大阪湾でも淡路島の東海岸では6月ごろから、まずまずのサイズが釣れる。ただし数はあまり多くない。いずれにしてもサイズもよく数も1人で10尾、20尾と釣れるのは秋だ。

●釣り時間

陸っぱりのタチウオねらいでは日没前から夕マヅメ、午後8〜9時ごろまでの半夜釣りが一般的。もしくは夜明け前後の朝マヅメねらい。深夜になるとアタリが少なくなるのも理由だが、もともと手軽な釣りなので夜遅くまでサオを振る人が少ないのも理由。ただ釣り場によっては深夜に活発に当たることもあるが、ほとんどの釣り場ではこの傾向が強い。日が高い間は沖の深みにいるタチウオが日暮れとともに浅いポイントに接岸し、夜が明けるとともに再び沖の深場に出て行く。これはエサにしているカタクチイワシなどの小魚の動きによるものと考えられる。深夜にアタリが少なくなるのはエサを飽食しお腹が一杯になるから……なのかもしれない。

おおむね朝夕マヅメが最高の釣り時間ではあるが、釣り方によっては、よく釣れる時間帯が若干変化する。近年流行のワインド釣法やバイブレーションなどプラグを使用するルアー釣りでは、朝夕マヅメが過ぎると徐々にアタリが少なくなる。同じマヅメ時が最良の引き釣りは、エサを使用するせいか夕マヅメが過ぎても比較的長い時間釣れることがある。ウキ釣りならさらに夜遅くまで、場合によっては深夜まで断続的だがアタリが出る。夜が更けて活性が低

●日中

●朝夕マヅメ

●日中（曇天時）

●夜間

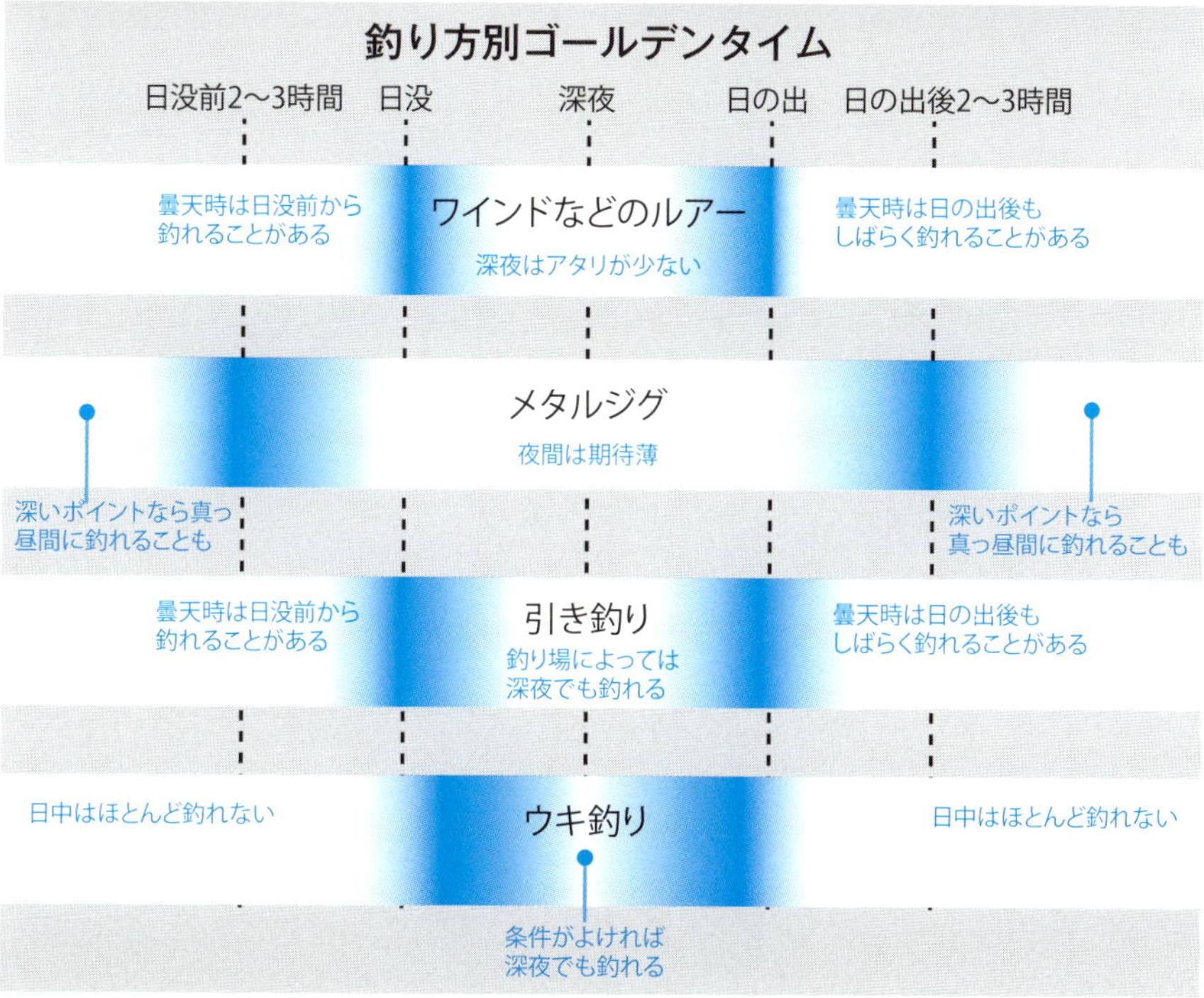

釣り方別ゴールデンタイム
日没前2〜3時間
日没
深夜
日の出
日の出後2〜3時間
曇天時は日没前から釣れることがある
ワインドなどのルアー
深夜はアタリが少ない
曇天時は日の出後もしばらく釣れることがある
メタルジグ
夜間は期待薄
深いポイントなら真っ昼間に釣れることも
深いポイントなら真っ昼間に釣れることも
曇天時は日没前から釣れることがある
引き釣り
釣り場によっては深夜でも釣れる
曇天時は日の出後もしばらく釣れることがある
日中はほとんど釣れない
ウキ釣り
条件がよければ深夜でも釣れる
日中はほとんど釣れない

●港湾部の護岸

●漁港の防波堤

大阪湾岸各地には一文字と
呼ばれる沖堤に渡してくれ
る渡船店がたくさんある

●釣り公園など親水護岸

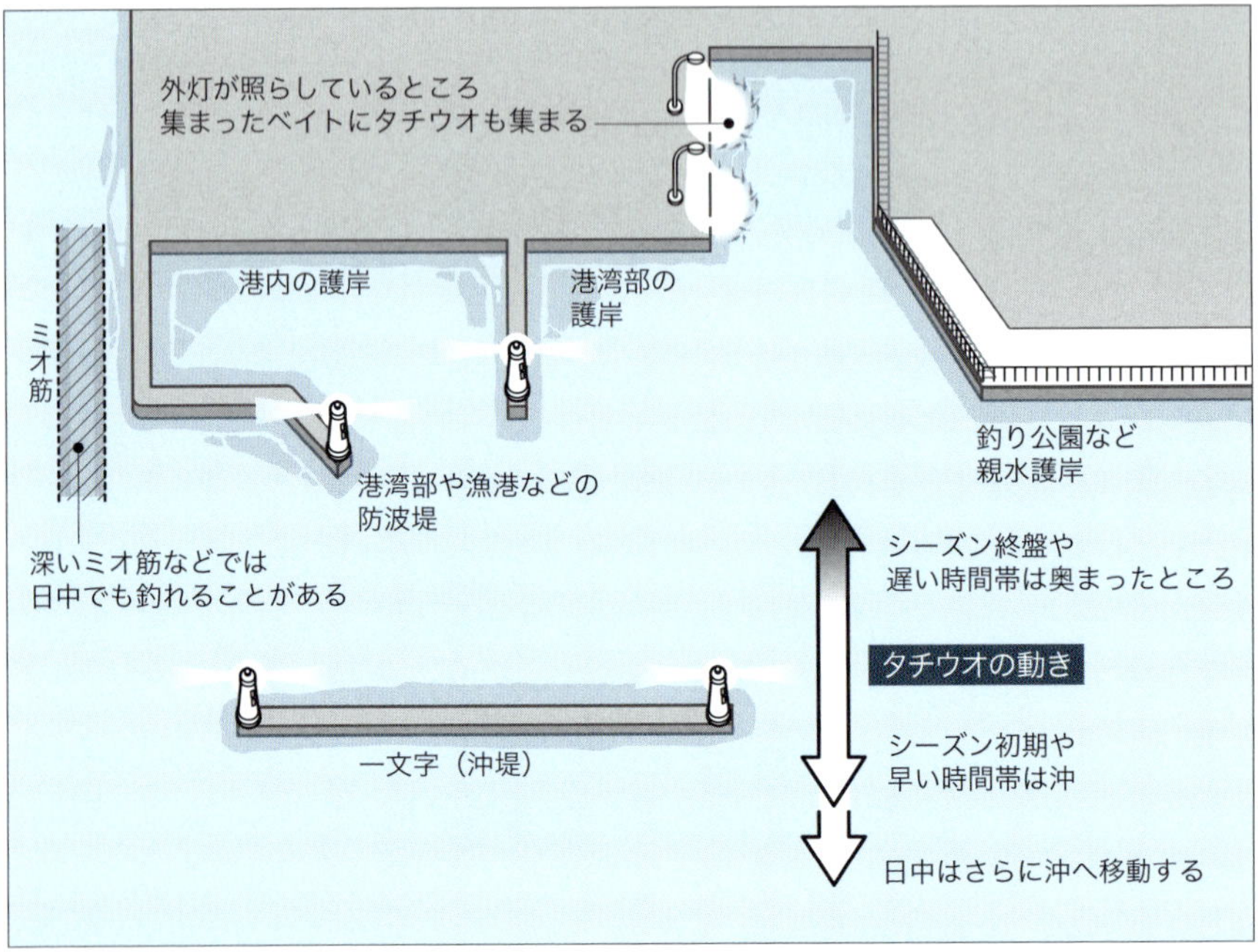
外灯が照らしているところ
集まったベイトにタチウオも集まる
港内の護岸
港湾部の
護岸
ミオ筋
港湾部や漁港などの
防波堤
釣り公園など
親水護岸
深いミオ筋などでは
日中でも釣れることがある
シーズン終盤や
遅い時間帯は奥まったところ
タチウオの動き
一文字（沖堤）
シーズン初期や
早い時間帯は沖
日中はさらに沖へ移動する

●一文字（沖堤）

くなったタチウオにも、じっくりエサを見せてゆっくり食わせることができるためだ。日中にねらうなら遠投ができて深いタナを探ることができるメタルジグという金属製ルアーが最適。日没前、日の出後も2～3時間はヒットが見込める。タチウオが潜む深場が至近距離にありメタルジグが届きさえすれば真っ昼間でも釣れることがある。よってメタルジグ、ワインドもしくは引き釣り、さらにウキ釣りとリレーすれば長時間ねらい続けることが可能だ。

●釣り場とポイント

タチウオ釣りの主な釣り場は、一文字《いちもんじ》と呼ばれる沖堤を筆頭に港湾部の護岸や防波堤、釣り公園などの親水護岸、漁港の防波堤、漁港内の護岸など幅広い。シーズン初期はできるだけ沖に位置し潮通しがよい場所がベスト。エサになるイワシの群れを追ってタチウオが動くため、特に朝夕はその傾向が強い。シーズン中盤、そして終盤に近付くと港湾部の奥や漁港奥などでもよく釣れるようになる。その時期にエサのイワシが港湾奥に溜まるからかもしれないし、潮の動きが緩く水温が安定しているからかもしれない。シーズン初期の深夜にもみられる傾向だ。また外灯が海面を照らしているところはエサの小魚が集まりやすく、それをねらうタチウオも集まってくる。

ルアー釣りのバリエーション

●ワームの釣り

ワームと呼ばれる軟らかく弾力があるルアーと、オモリとハリがセットになったジグヘッドを組み合わせたものを、海中で引っ張って釣る。最も代表的なものが「ワインド」と呼ばれる釣法で、大阪湾を中心とした西日本では陸っぱりタチウオ釣りの主力になっている。独特のロッド操作によりルアーが海中でワインド（上下左右、立体的にジグザグに動く）することでタチウオの食欲を刺激する。またリールを巻くだけの「タダ巻き」の釣り方も可能だし、サオを直線的に引くことで「テンヤ釣り」に近いアクションを得る「フラップ釣法」が最新メソッドになっている。

●メタルジグの釣り

メタルジグは金属製のルアー。プラスチックや木製のルアーにくらべて重量があるため非常によく飛ぶし、海中での沈みも早い。よって遠方の深いタナを釣ることができる。タチウオ釣りでは日中もしくは夕暮れ前や夜明け後、タチウオが沖の深い場所に潜む場合に活用される。

●ミノープラグの釣り

もっともルアーらしいルアーがミノープラグ。ミノーとは本来はコイ科の淡水魚のことで、小魚全般を模したルアーがミノープラグだ。現在ではさまざまなものや色があり、タチウオが好むイワシカラーなど海の魚にもアピールする。フフィッシュイーターのタチウオなので、海中を泳ぐ小魚には目がなく、小魚が弱った状態を演出すれば食い付きやすいが、タチウオ用のルアーとしてはサブ的な位置。

●バイブレーションプラグの釣り

バイブレーションプラグは引っ張るだけでブルブルと振動する、すなわちバイブレーションを引き起こすルアー。関西で古くから盛んなタチウオ釣りで、エサ釣り全盛の時代にタチウオを釣るルアーといえばバイブレーションだった。このルアーを投げて適当な深さまで沈めたら、ゆっくりリールを巻くだけで釣れるという簡単さが何よりの強み。近年はワインドに代表されるワームの釣りにナンバーワンの座を奪われてしまったが、タチウオをねらうルアーのバリエーションのひとつとして、ルアーケースに忍ばせておくとよいだろう。

●メタルジグの釣り

●ワームの釣り

●バイブレーションプラグの釣り

●ミノープラグの釣り

ワインドなどワームの釣り

大阪湾岸の防波堤を中心にワームでタチウオをねらうようになってまだ15年ほどだが、現在では確実に陸っぱりでの主力の釣りになった。それ以前はウキ釣りや引き釣りなどのエサ釣りがメインでルアーは少数派。エサ交換が不要なルアーフィッシングは、それ以前も手返しがよいことなどから一部の人には人気があったが、エサ釣りの食いのよさにはかなわなかった。そこに登場したのがワームとジグヘッドを使ったワインド釣法だ。

バイブレーションやミノーなど硬い素材のルアーとは違い、軟らかいプラスチックルアーのワームは、海中でも自然のベイトフィッシュに近い動きで、タチウオが食い付いてからの違和感も少なくアタリの数、ヒット率が何倍にも増えた。おかげで一気にワインド人気に火が付いた。特に夕マヅメ、何㎞にも及ぶ沖堤の端から端までワインドでタチウオをねらうアングラーが等間隔に並んでいる光景は衝撃的だった。その後、ワインドに限らずワームでのタチウオねらいのバリエーションは広がり現在に至るが、基本となるのは、あくまで元祖ワインド『マナティー』と『ZZヘッド』を組み合わせた釣りである。

ワインドは元々デイシーバス用に考案されたシステムで、最大の特徴はジグヘッドとワームが三角断面である点。ロッドを下げて意識的に作ったイトフケを瞬間的にパシッと弾く動作を連続させることで、三角断面のルアーが水圧の関係で上下左右、真正面から見ると8の字を描くような軌道を描く。左右へのダートではない、あくまでワインド。これをワインドアクションと呼ぶ。この動きがシーバスはもとよりタチウオの食欲に火を付ける。

ただワインドにも弱点はある。釣れる時間帯が朝夕マヅメ前後と短いことだ。常にルアーを素早く動かして釣るため、食い気があるマヅメ時以外、タチウオの動きが緩慢になるとヒットしにくくなる。しかし、その短い時合を手返しよく集中してねらえるので食いが立てば、これほど簡単にたくさんのタチウオがゲットできる釣りはほかにない。考えてみれば大阪湾岸、関西でのタチウオ釣り自体が元々、短時間勝負の釣りだったためTPOにぴったり当てはまり大受けしたのだ。

「ワインド釣法」を考案したのはオンスタックル代表の小林勝治さん。日中にシーバスをねらっているとき、試しに投げたワームの左右へのイレギュラーな動きが、それまでまったく反応しなかったシーバスを刺激し、何十尾というシーバスがチェイスしてきたという。これが「ワインド釣法」考案のきっかけになった。その後、タチウオにも大いに有効であることに気付き、現在の流行を生み出した。さらにサワラ、シイラなど回遊魚からボトムのヒラメやマゴチ、ロックフィッシュにまで守備範囲を拡大

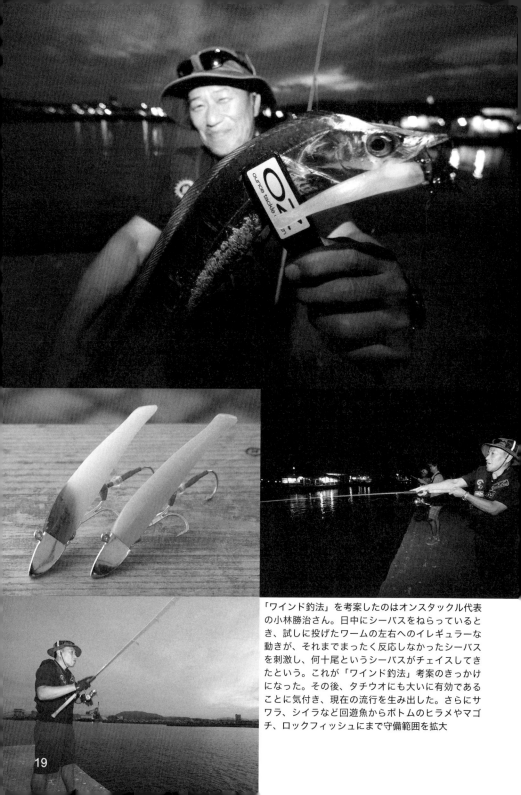

タチウオ用のワームとジグヘッド

ワインド元祖の『マナティー』を始め、ショップにはタチウオ用のワームが数多く並んでいる。サイズは90㎜前後がオールマイティーだが、夏タチなど指幅3本までの小型がメインの場合は75㎜も有効。カラーに関しては夜光のグロー系をメインに好みで多種を使い分ける（詳しくは32〜33ページ）。ワインドの場合、形状はストレート系、もしくはピンテールなど。オンスタックルの『ワインドシャッド』や『匠魚（タクミノー）』など、大きなシャッドテールを持つものは、そのままワインドで使用するとワインドアクションが抑えられ面白い効果がある。またアクションさせずタダ巻きするだけでもテールの振動でタチウオにアピールできる。

タチウオ用のワーム、ジグヘッドにはさまざまなカラーがあるが、タマヅメから日没後のナイトゲームがメインなので、とりあえずはともにグロー系のカラーを選んでおくのが無難だ

　ジグヘッドは『ZZヘッド』など三角形状のワインド専用。サイズは1／2oz（14g）をメインに浅いポイントや浅いタナをねらう場合は3／8oz（11g）、潮が速い時や深いタナをねらう場合、強風時などには5／8oz（18g）と、3サイズ揃えておけば、いろいろなシチュエーションに対応可能。ジグヘッドのカラーにもさまざまなものがあり、ワームカラーとの兼ね合いや光線の具合で使い分けるが基本的にはグローカラーがあればOK。ほとんどのジグヘッドにはトリプルフックがセットで市販されているのでそのまま使えばよい。ただしアシストフック（26〜27ページに詳解）の追加が欠かせない。

　またワーム、ジグヘッド、トリプルフック、アシストフックがすべてセットになったものも多く販売されているので、初めての場合はこれにすれば悩まずにすむ。

●オンスタックル

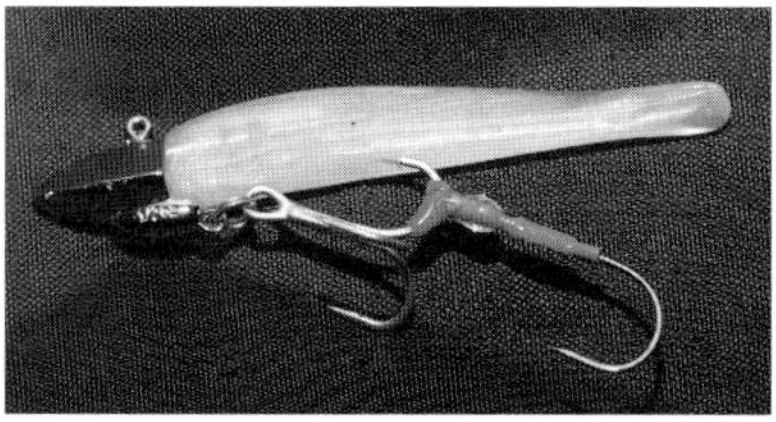

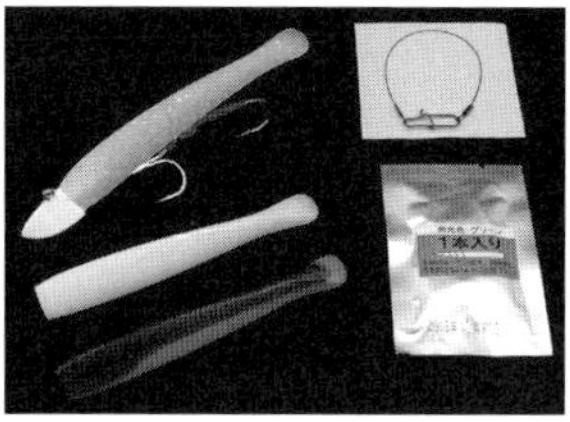

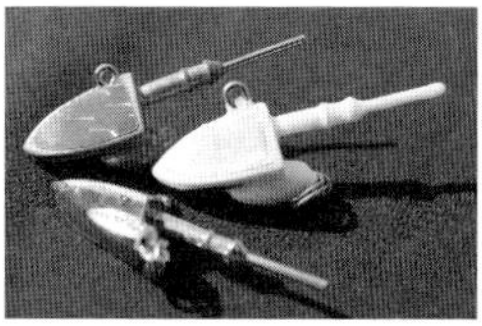

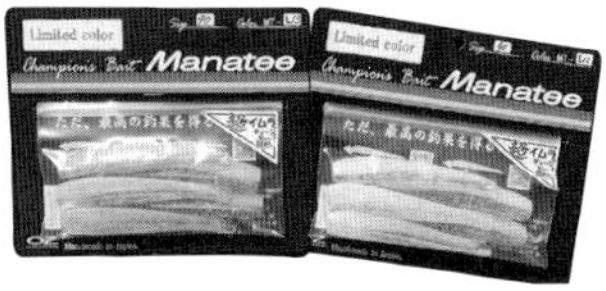

元祖ワインドルアー。『マナティー 90』『同 70』『ワインドシャッド 75』などのワーム群に定番ジグヘッド『ZZ ヘッド』。入門には『パーフェクトワインドセット』がおすすめ

●メジャークラフト

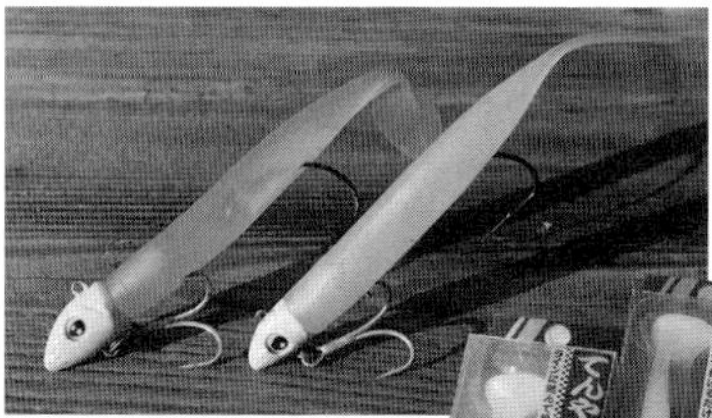

『どじょうヘッド』に『どじょうワーム』とワイヤ、トレブルフックがセットになった『太刀魚道場どじょうてんやスタートキット』はラインに結んで投げるだけ

●アクアウェーブ

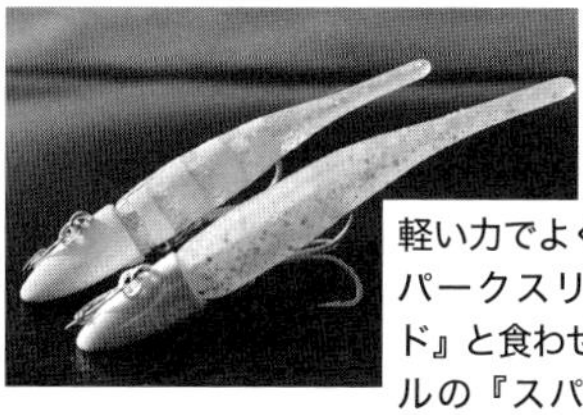

軽い力でよく動く『スパークスリム・ヘッド』と食わせピンテールの『スパークスリム 75』『同 85』

●フィッシュアロー

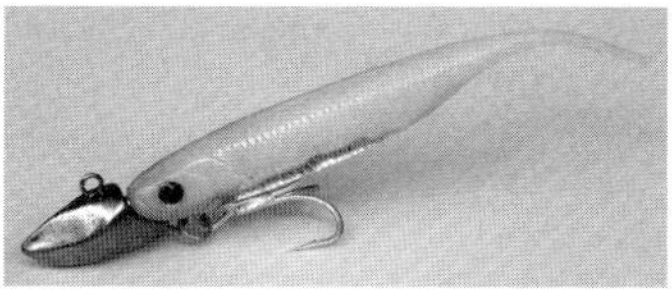

強烈な夜光カラーと内蔵アルミホイルでアピールする『フラッシュ J4SW ルミノーバ』と『フラッシュヘッド』

●エコギア

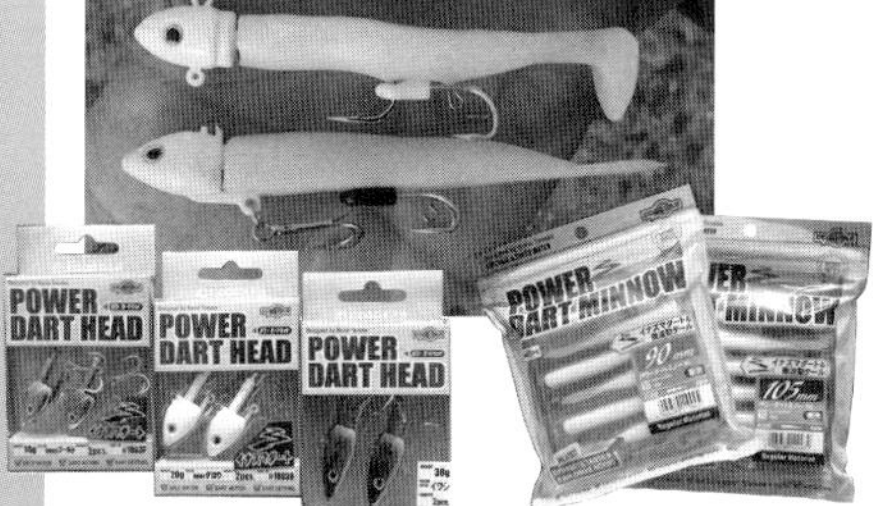

切れのあるダートが特徴の『パワーダートミノー 90』『同 105』『パワーダートヘッド』とタダ巻きで使える『パワーシャッド』『3D ジグヘッド』

●フィッシングマックス

ジグヘッド、ワーム 3 本、トレブルフック、アシストフック、ワイヤ、発光体がワンセットになった『ワインドパーフェクトセット』

ワインド用のタックル

使用するロッドは8ft（約2・4m）前後のワインド専用がベストだが、同程度の長さの他のルアー用でもかまわない。ただし胴がベロンベロンと軟らかすぎるものは使いづらいのでワインドには不向き。専用機種以外ではティップが軟らかく胴がしっかりしたエギングロッドがおすすめ。たとえば3・5号の餌木をフルキャストできる硬さのものを選べばよい。また、リールの脚部分を握ったときに、ロッドエンドがちょうど肘に当たるぐらいのリールシート位置のものが、連続したワインドアクションを行なううえでベスト。ロッドエンドが肘に当たった反動を利用する必要があるからだ。

リールは中型のスピニング。メーカーによりサイズ表記が異なるが2500～3000番が適当だ。注意したいのはハンドル1回転当たりのライン巻き取り量。1回転75cm前後がワインドには向いている。巻き取り量がそれ以上のハイギアモデルだとイトフケを取りすぎてしまうため、ルアーのワインドアクションが難しくなる。また、そこそこのドラグ性能が必要。釣りの最中はロッドを上に振り上げたときに「ジッ」と、ほんの少しだけドラグが滑り、わずかにラインが出る程度に微調整しておく。ワインドではロッドを振り上げたときにヒットすることが多くアワセを兼ねているため、タチウオがヒットした際のアワセ切れを防ぐためだ。

ラインは絶対的にPE。その先にショックリーダー（先イト）としてフロロカーボンラインを接続。PEラインは太さ0・8～1号でリールに巻き込む長さは150m。ショックリーダーのフロロカーボンは3～5号。ルアー用でもエサ釣り用ハリスどちらでもでもかまわない。ショックリーダーとジグヘッドの間には、さらにタチウオの鋭い歯で切られないようにワイヤリーダーが必要。これも、さまざまなタイプが発売されているが、エサ釣りに使うような長いものは不向き。ワインド用に発売されているものは10cm以内と短い。特に形状記憶合金製のワイヤは耐久性も高く、格段に釣果がアップする。通常の撚り線ワイヤでよく起こるキンク（折れ曲がり）や毛羽立ちによる強度低下を大幅に軽減できる。

●「つ」の字アクション

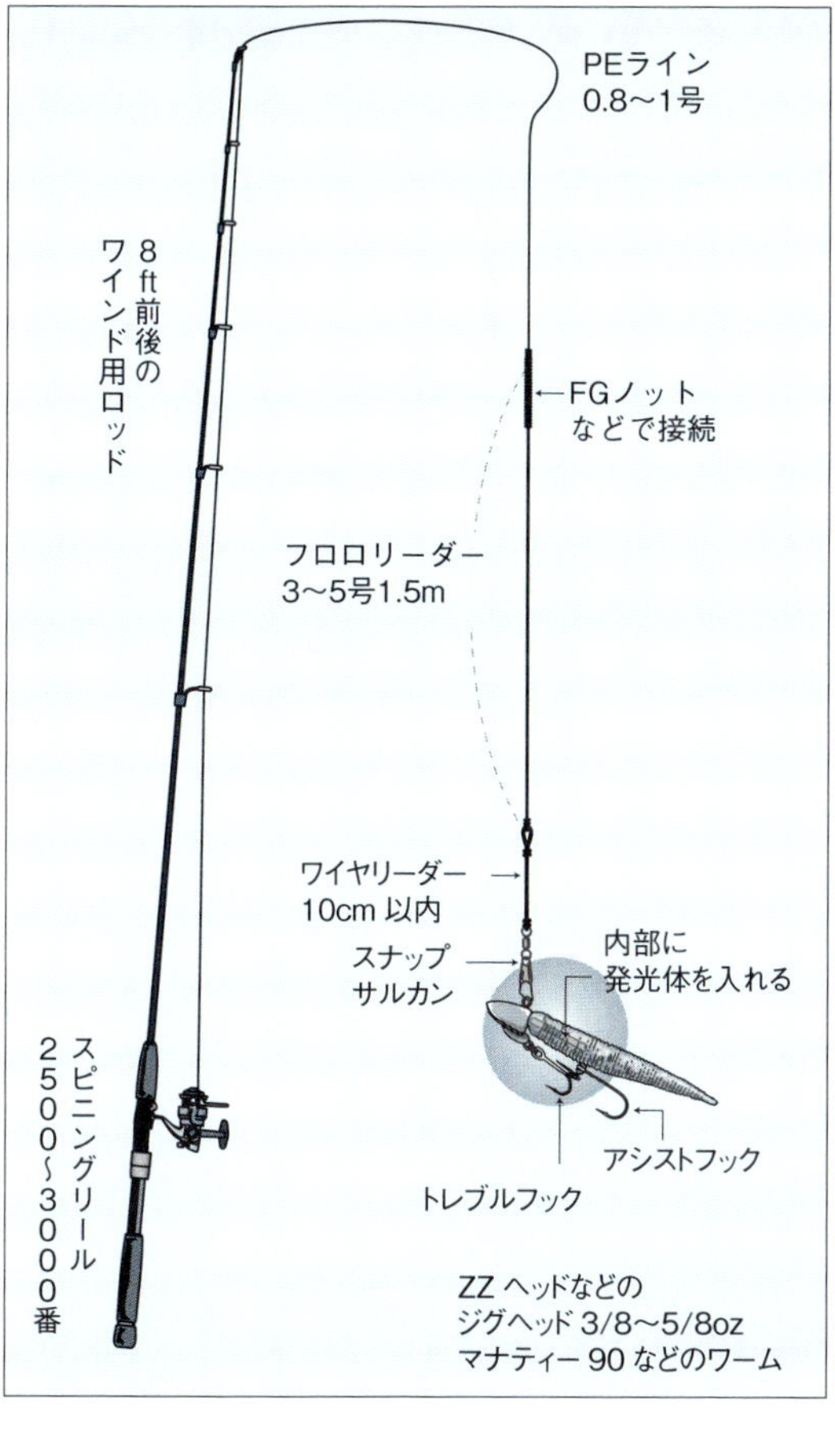

ワインド専用ロッドの代表であるジャストエース『ショアワインダー832M』などの調子は写真でも分かるように、ラインを通して引っ張った際にロッド全体が平仮名の「つ」の字を描く。この「つの字アクション」がワインド操作に向いている

ワインドが流行する以前はエギングロッドなどの流用がほとんどだったが、近年は多くのメーカーやショップからワインド専用ロッドが発売されている

ワームのセッティング

ワームのセッティングで重要なのは「真っすぐ」に刺すこと。ジグヘッドにセットしたワームが曲がっていると本来のワインド性能が発揮できなくなる。たとえば『ZZヘッド』と『マナティー』などの場合、まずシャフトを唾《だ》液などで湿らせてからヘッドのシャフトを下に向けワームの下穴にシャフトを差し込んでいくが、どちらかというとワームを押し上げて上から引っ張る感じ。またヘッドとワームの間に隙間ができないように密着させる。ジグヘッドにワームを刺したらトレブルフックの上側1本をワームの腹に浅く刺して固定すればセッティングが完了。この場合もワームが曲がらないように。ワームを少しだけ曲げてハリ先を入れるとうまくいく。トレブルフックとヘッド間のスプリットリング部分にタルミを作らないことも必要だ。

明るい時間帯は必要ないが日没が近付いたらワーム内部に発光体をセットする。ワームによっては発光体用の下穴が空けてあるので、その中に押し込んでしまう。またルミノーバなど強烈に蓄光するグローワームの場合はキャスト何回かに1回は蓄光ライトを照射するだけでよい。

●マナティーとZZヘッドの直進性調整

『ZZヘッド』と『マナティー』の場合は均一なワインドアクションをさせるために直進性調整が必要。軽くキャストし着水と同時に高速リーリング。

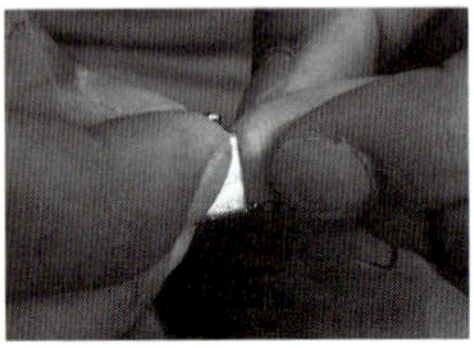

真っすぐ帰ってくればOK。右にそれて帰ってくる場合はヘッドを正面から見て、それた方向、右回りにワームを少し回転。左ならその逆。

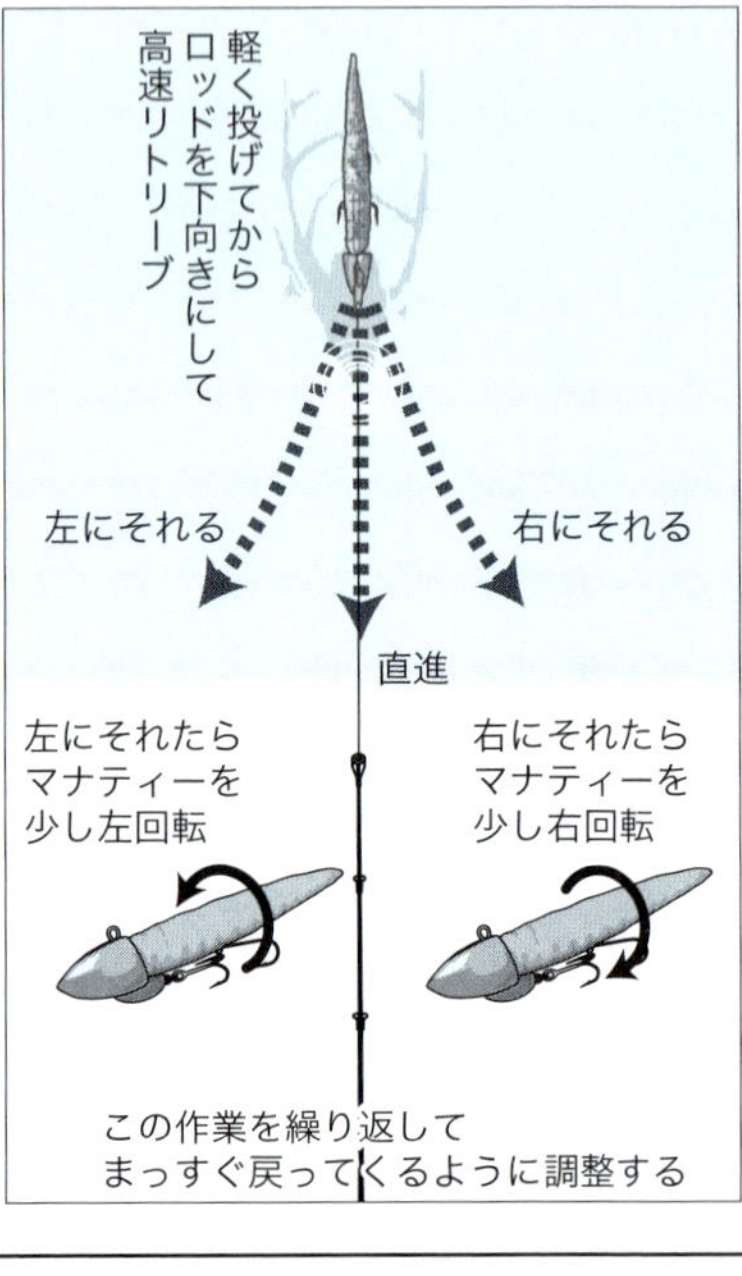

軽く投げてから
ロッドを下向きにして
高速リトリーブ
左にそれる
右にそれる
直進
左にそれたら
マナティーを
少し左回転
右にそれたら
マナティーを
少し右回転
この作業を繰り返して
まっすぐ戻ってくるように調整する

●マナティーとZZヘッドの場合

①ヘッドのシャフトを唾液などで湿らせる

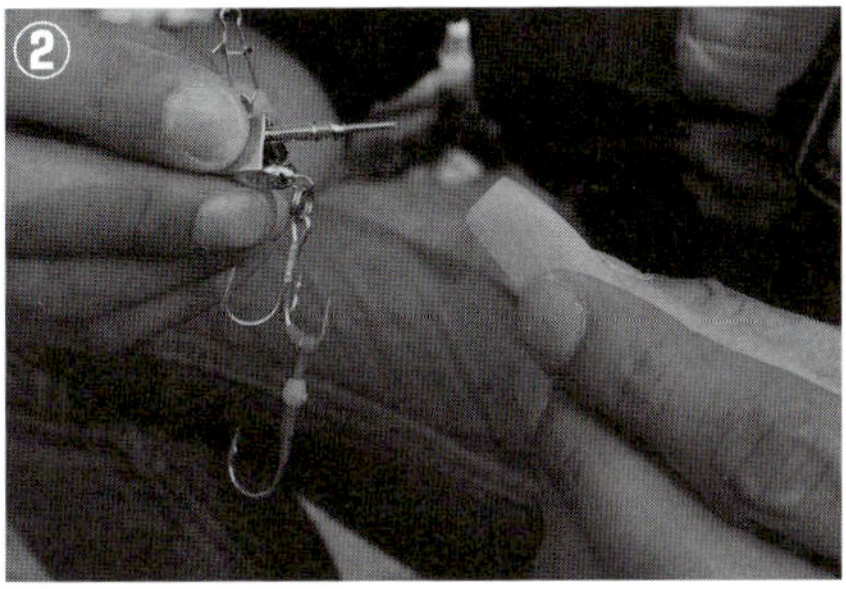

②ヘッドが上、ワームを下から

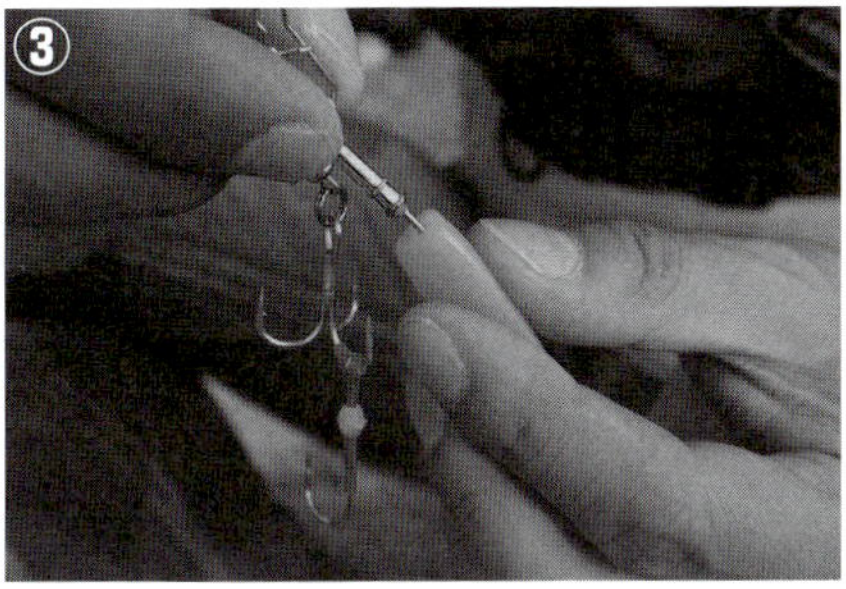

③シャフト先端を下穴に入れる

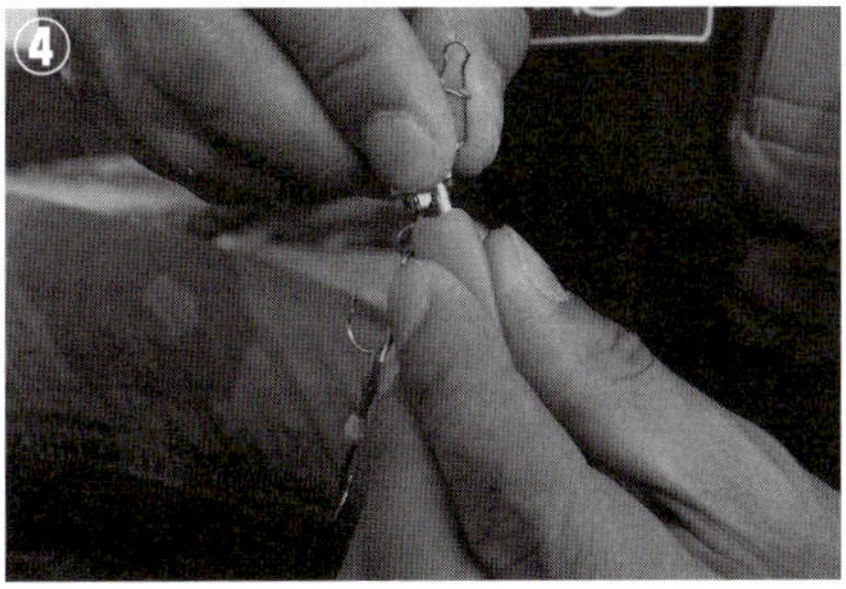

④ワームを立てヘッドを真上から差し込む

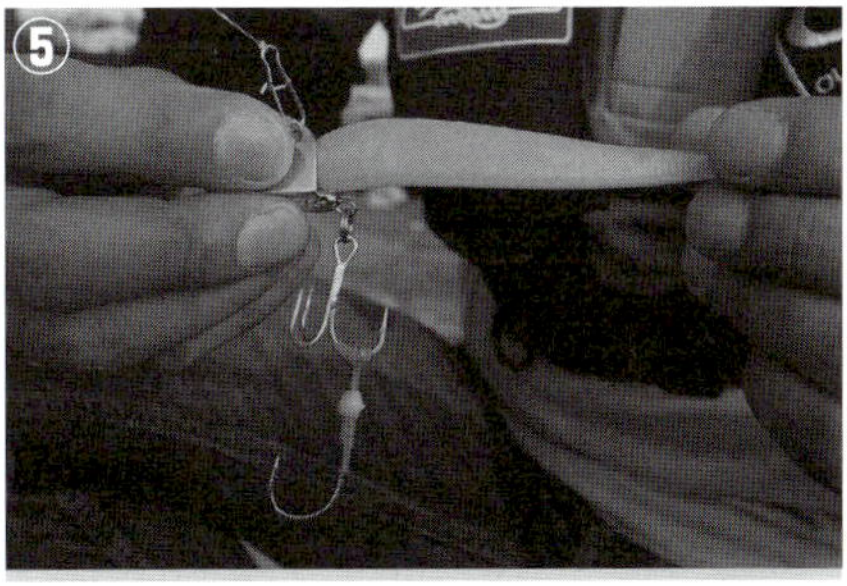

⑤ZZヘッドにマナティーがセットされた状態

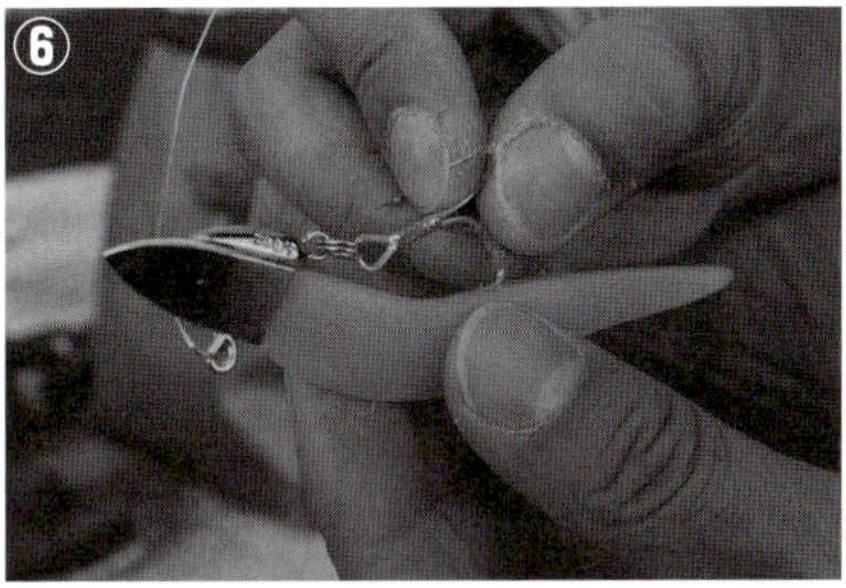

⑥トレブルフック上側の1本をワームの腹に刺す

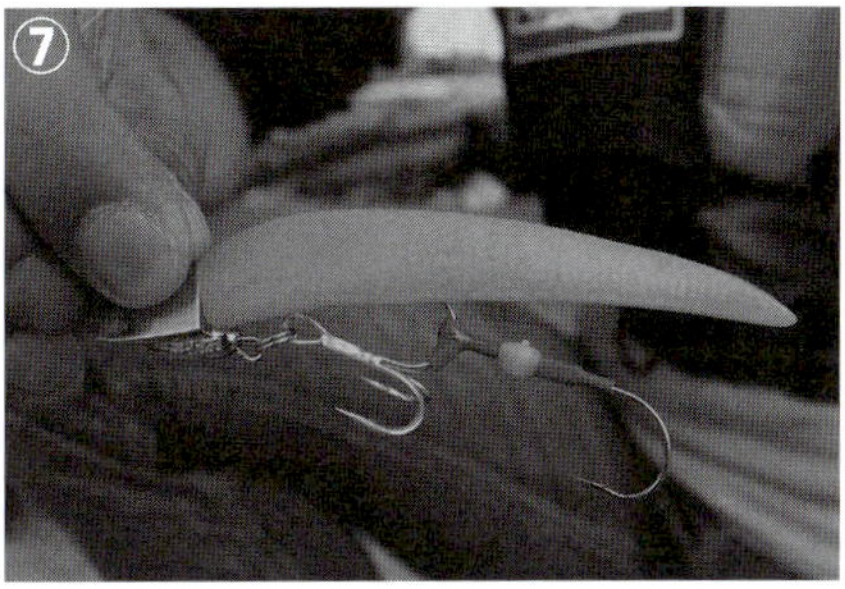

⑦曲げたマナティーを真っ直ぐに戻せばセット完了

●ケミチューン

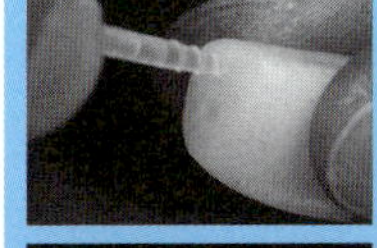

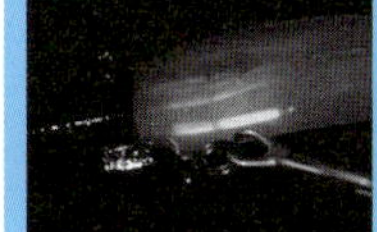

ワインド専用発光体のルミカ『ケミチューンワインド』は先端がネジ形状。発光させ時計回りにねじ込めばワームに差し込める。使用の目安は手元作業に灯りが必要になるころだ。

アシストフックが欠かせない！

タチウオ釣りのワーミングにはアシストフックが欠かせない。基本的にタチウオは捕食下手。ルアーに対してさまざまな方向からのバイトをフッキングさせるためにトレブルフックの後方に追加するハリをアシストフックという。ほとんどの場合、トレブルフックのワームの腹に刺す上向きの1本に固定するスタイルだ。

大まかにはシングルフックタイプとダブルフックタイプに分かれるが、どちらかというとシングルフックタイプを使う人が多い。ただ、シングルではどうしても掛かりにくい場合もあり、ダブルフックタイプも賢く使いたい。

使い分けの目安としては釣りの時間帯とヒットレンジに関係する。深い場所を釣る（タチウオが深い場所にいる）明るい時間帯はタチウオがルアーより下から食ってくることが多く、フックは下向きのシングルタイプ。暗くなりタチウオのレンジが浅くなるにつれルアーの横方向からのバイトが多くなるので、開き角度の違うダブルフックタイプが有効になる。たとえば、まず80度のものを使い、それでもミスバイトが起こるようなら、さらに開いて１２０度、さらには水平１８０度のものにチェンジすれば、確実なフッキングが実現できるかもしれない。またバイトレンジにかかわらず、ワームに入る傷（噛《か》み跡）の位置をチェックして取り替えの目安とするのも方法だ。ワームの腹側なら下向きシングル、真横や上側に傷が入る場合はダブルフックタイプがよいだろう。

タチウオ用アシストフックには各種あり基本的に写真左側のシングルフックタイプで間違いないが、どうしてもミスバイトが多発するようならダブルフックも選択肢に入れる

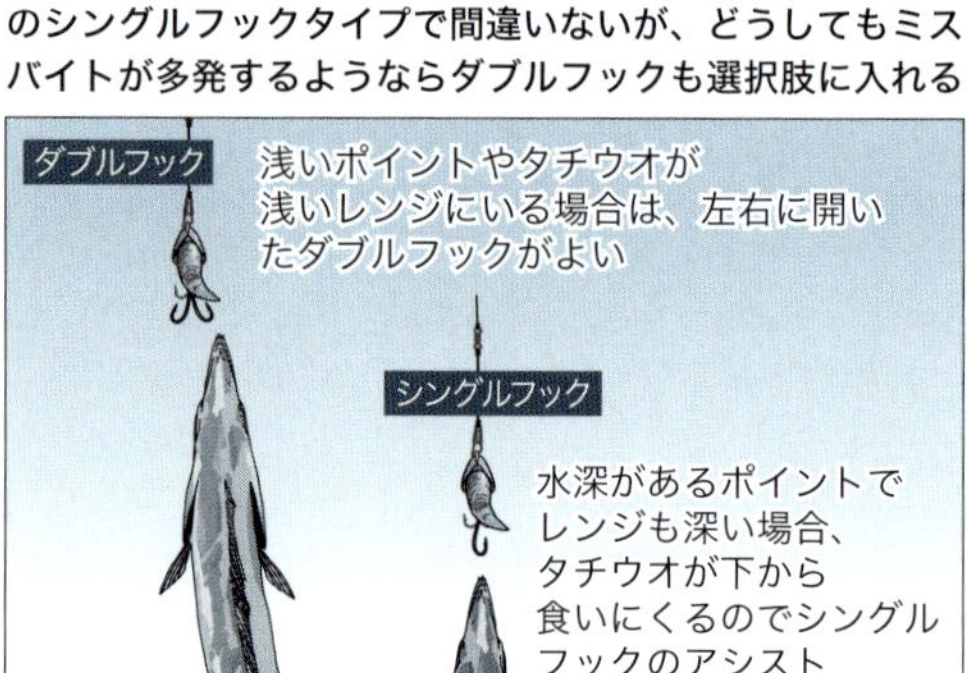
ダブルフック
浅いポイントやタチウオが浅いレンジにいる場合は、左右に開いたダブルフックがよい
シングルフック
水深があるポイントでレンジも深い場合、タチウオが下から食いにくるのでシングルフックのアシスト

[シングルフックタイプ] の装着例

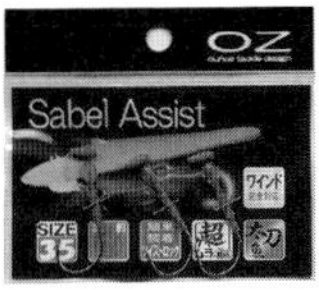

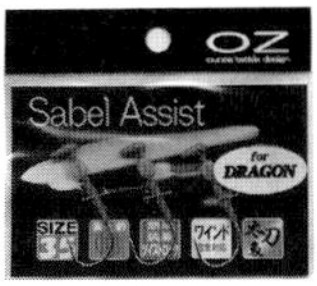

●オンスタックル『サーベルアシスト』のセッティング　トレブルフック上側1本のハリ先からトレブルフックの軸と平行になる位置まで通し、アシストフックを摘んで後方から見て右回しに1～3回ひねる

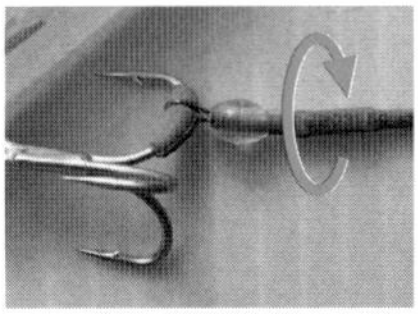

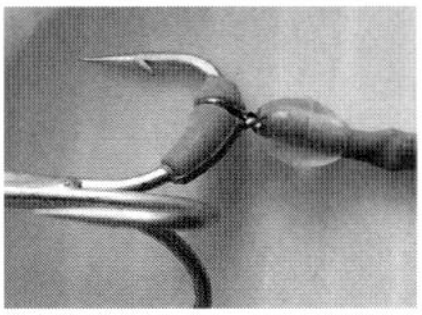

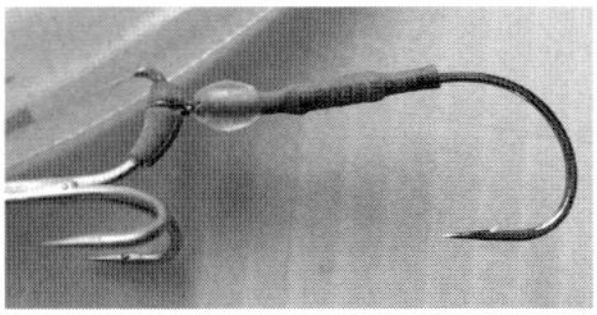

[ダブルフックタイプ] の装着例

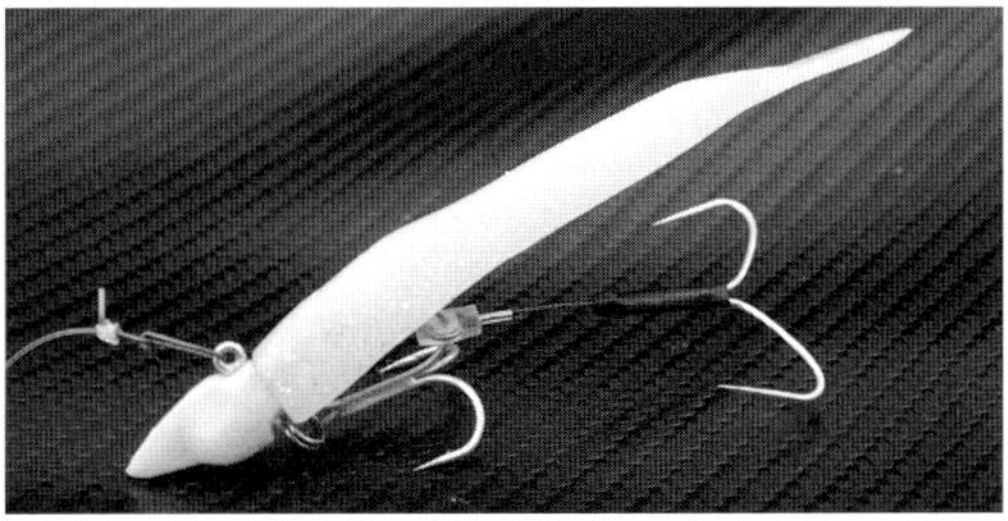

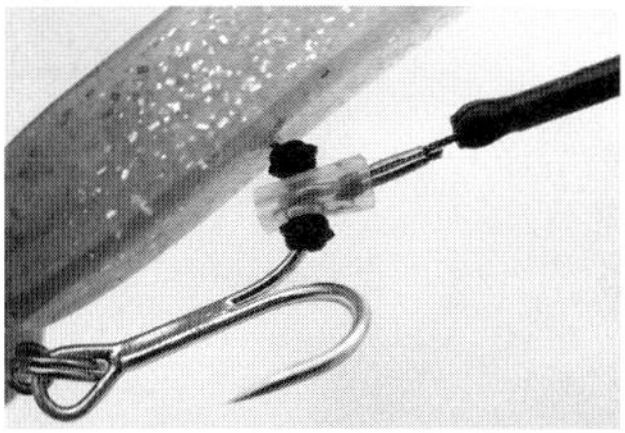

●カルティバ『ウイングトレーラー』のセッティング　トレブルフックのハリに通すだけで固定できるが、よりズレにくくするには『浮子ガード・ライト』というフカセ釣りのウキ、オモリ用ショックアブソーバーを、ウイングトレーラーの装着部分の補助として両側に使用

[マグネットシステム] の装着例

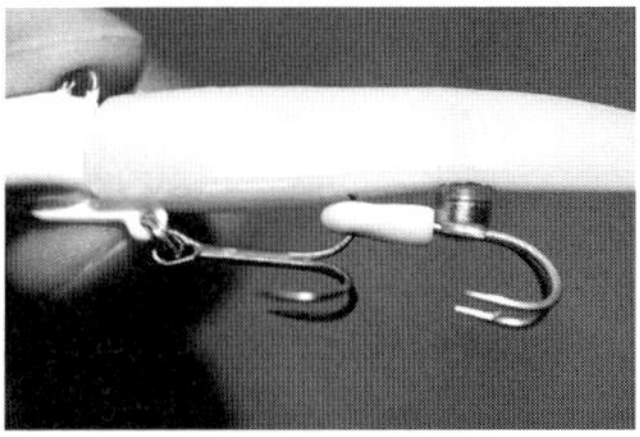

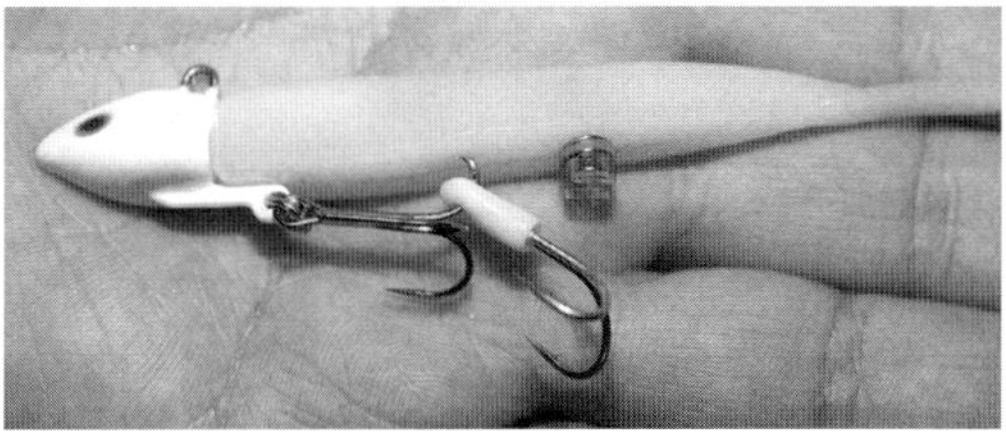

●エコギア『マグネットキーパー』のセッティング　強力マグネットをワームにコイルでねじ込み固定。アシストフックの軸部分が真っすぐ引っ付くようにガイドレール（溝）の向きを揃える

ワインド釣法の実際。基本的なねらい方

朝夕マヅメ時はタチウオが捕食のために近くまで接岸して来ているのでルアーをそれほど遠投する必要はない。ルアーが着水したらスプールから出ていくラインに指や手を当ててストップさせ、海面のラインが張れば手を放して再びラインを出し……を繰り返し沈めていく。釣り始めはとりあえず底まで。釣れるレンジが分かっている場合は宙層までよい。

目的のタナまでルアーを沈めたらワインドアクション開始。簡単にいうとロッドを素早く上げ下ろしする間にリールを1回巻くのが基本。これだけでルアーは前進しながら左右に動いてくれる。大切なのは力まかせにロッドをシャクらないこと。まずイトフケを取ったらロッドを上に（時計の短針で11時もしくは1時の角度）向け、そこから振り下げて（8時もしくは4時の角度）再び上に。これで1セット。ロッドを振り上げながらリールのハンドル1回転が基本だが、難しければ1セット終了時にリールのハンドルを1回転でもよい。ロッドを下げた時にできるイトフケを次にロッドを上げる時にパシッと弾くイメージ。

注意点としては、あくまでも1セットでリールハンドル1回転。2回転、3回転させるとイトフケが完全になくなり、大切な「イトフケを弾く動作」ができなくなる。リズムとしては1セット1秒が目安。

このようにロッドを上下させていると、突然ゴンッ！ と振り上げたロッドが止まる。これがタチウオのアタリ。ハリが外れないようにアワセを再度入れ、しっかりフッキング。ポンピングせずにリールを定速で巻き足下まで引き寄せ一気に抜き上げる。

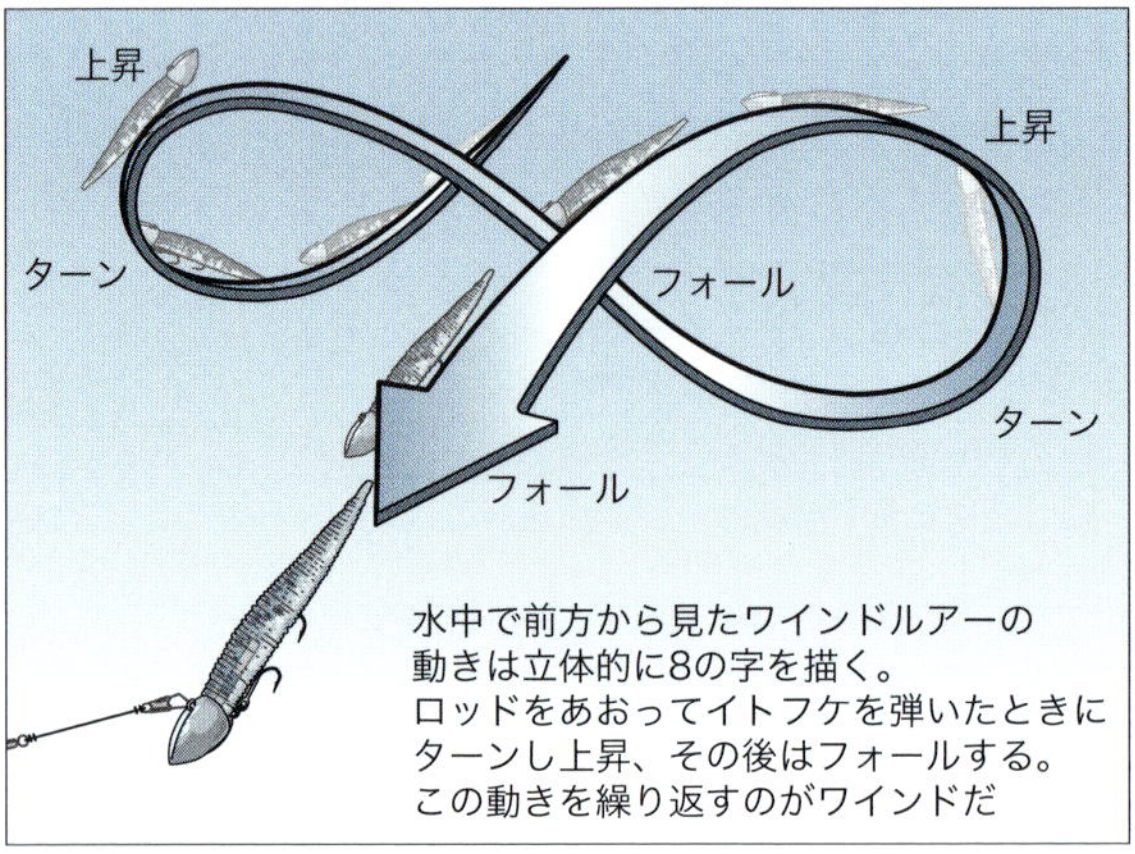

水中で前方から見たワインドルアーの動きは立体的に8の字を描く。ロッドをあおってイトフケを弾いたときにターンし上昇、その後はフォールする。この動きを繰り返すのがワインドだ

●基本ロッドアクション

①ロッドを前方45度ぐらいの角度から下方に向けて勢いよく振り下ろしイトフケを作る

②次の瞬間にロッドを跳ね上げラインスラックを弾く。その間にリールのハンドルを1回

タイミングが難しければロッドを跳ね上げてから回してもよい

③間を置かずロッドを下方に振り下ろす

リズムよく連続して同じ動作を繰り返す。ルアーが浮きすぎたと感じたら、途中で何回かラインを出しルアーを沈めてやるとよい

●キャスティングの基本

①タラシの長さは約80cm。目標を定めて振りかぶる。②基本はオーバーヘッドスロー。リール部分を押し出しながらロッドエンド部分を自分の脇に引きつけ、ロッドが回転運動をするようにスローイング。③ロッドが前方45度ぐらいの位置にくる直前でラインをリリースする

ルアーを引っ張るのではなく、あくまでもイトフケを作り、それだけを弾くイメージ。ルアーを引き上げるジャークとは全く違う

ワインド釣法の基本動作と真実

　正しいワインドアクションを起こすには、まずロッドを下げてイトフケを作ることに意識を集中する。ワインドアクションを正確にいうといわゆるダートではなく、ルアーが急激、瞬間的に左右に向きを変える初速が速いターンが起きて初めてワインドアクションといえる。その急激ターンをルアーに起こさせるのに必要不可欠なのがイトフケであり、そのイトフケを勢いよく弾くロッド操作だ。イトフケを弾いた衝撃でルアーを瞬時に方向転換させるのだ。

　これがルアーを引っ張るジャークだと、ルアーは方向転換し左右にダートはするが、その方向転換時の動きにキレと初速がなく、ぬるい感じになってしまう。これではタチウオに限らず魚たちに捕食スイッチを入れることはできない。注目するべきは自分が振り下げたロッドの前にできるＰＥラインの波打つ動き。実際に現場で見ているとイトフケの波がＳ字を描いて前方へ向かう。新体操のリボン演技に近い感じがする。ロッドを勢いよく下げラインを波立たせ（イトフケを作り）、次の瞬間にロッドをあおって、そのタルミを一気に解消する（弾く）のだ。

●ワインドの基本フォーム

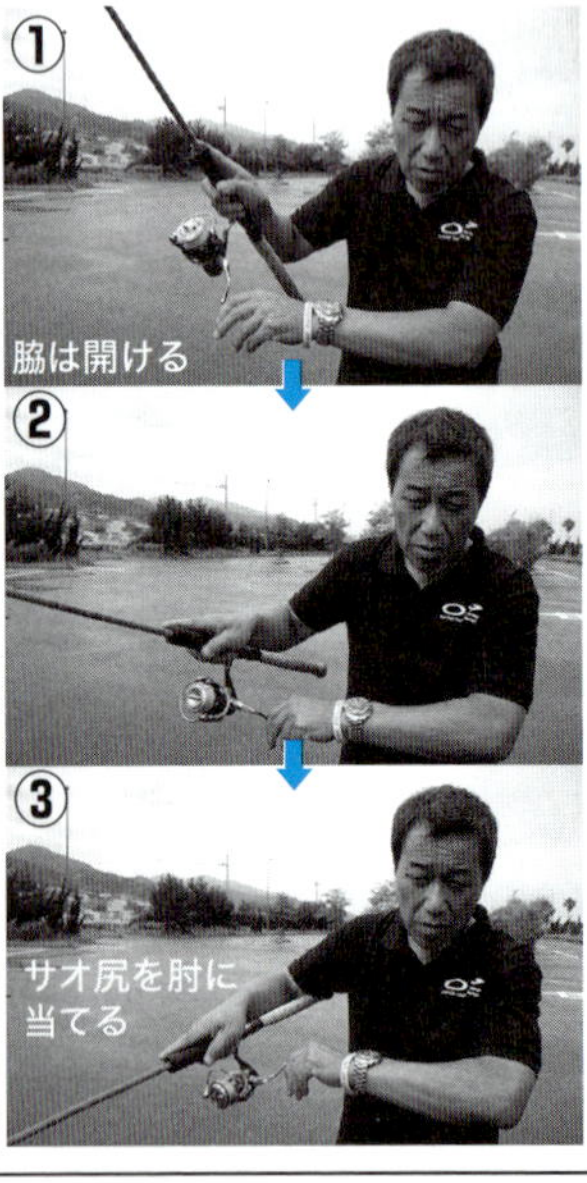

常にロッドを上下させてタチウオを誘うワインドは疲れるのか？　イトフケを弾かずルアーを力まかせに引いてしまうと疲れるのは当たり前。イトフケを作ること、すなわちロッドを下げる動作を意識すれば、それほど疲れるものではない。ただ、より楽なロッドの握り方やアクション方法がある。できるだけロッドの重心に近い位置を握り、ロッドの上下ではロッドエンドを肘に当て、その反動を利用する。そのためには脇を閉めてはいけない

●ロープとロッドの動きに注目！

ワインド釣法のラインの動きを分かりやすく見てもらうために、陸上でロープを使って撮影した。実際、釣り場で使うPEラインよりはるかに太く重量があるが実釣イメージとかなり近い。スタートは写真①のようにロッドを高い位置に構え、振り下げてイトフケを発生させることから。②、③でラインスラックが波打ちS字を描いていることがよく分かる。そして④でロッドを振り上げイトフケを解消する。これがまさにワインドの基本的な操作である。決してロッドが大きく曲がっていないことに注目してほしい

①
ロッドを前方に構える

②
ロッドを勢いよく振り下げ開始。同時にラインが波打ち始める

③
ロッドを振り下げきると波打ったイトフケがS字を描く

④
ロッドを振り上げイトフケを弾くように解消。この動作にリールのハンドル1回転を加えて繰り返す

×これはNG! ダメな見本

いわゆるダメなパターン。グイ、グイっとサオ先に力を込めて引いてしまっている。これではルアーがキレのあるターンをせずワインドアクションは起こさない。これでもタチウオが釣れてしまう場合があるので、ここから抜け出せないでいる人も多いのが実情だ

ワームのカラーローテーション

大前提としてシーバスで効果があるようなワームカラーのマッチ・ザ・ベイトはタチウオには当てはまらない。光線量、光の色合い、潮の濁り具合、タチウオの密度と活性がワームカラーを選ぶ上での重要なファクター。タチウオ釣りのメインであるマヅメ時は海中に差し込む光の量、色が急激に変化する時間帯。特に秋も深まれば釣ったタチウオを締めてクーラーに収めている間にも日が沈み、あっという間に暗くなる。同じワームで3回投げてアタリが出なければ、違うカラーにチェンジしなければならない。

まず潮が濁っている大阪湾奥の沖堤と、同じ大阪湾でも潮がクリアな淡路島の釣り場では、時間帯別のワームカラーの効果が違う。まずは潮が濁っている場合、明るい時間帯に濁りの色を確認。茶色っぽいか緑色っぽいか。当然、茶色のほうがきつい濁り。まだ日が高く明るい時間帯、茶色の場合に選ぶワームは、マナティーに例を取ると左ページ表のCグループ（オレンジ系）もしくはDグループ（赤系）。緑色ならAグループ(白系)のなかのラメ入りカラー、もしくはBグループ（ピンク系）。マヅメ時になったら茶色の場合はCかD。緑色の潮ならAかB。この色で反応が薄い場合は茶色でAかB、緑の潮でCかDと、まったく逆のチョイスが利く場合もある。日が沈んでも1時間以内はこのパターンが続く。日没から1時間が過ぎ、完全に暗くなればAのみのチョイス。その白系のなかでパール、ラメ、グローをローテーションし当たりカラーを見つける。

クリアな潮なら夕マヅメからのパターン。選ぶのはBかC。水中での発色はピンク系が弱くオレンジ系は強め。夕マヅメでも光量がある間はB、薄暗くなってきたらCがよい。日が沈みきれば濁り潮パターンと同じAの白系。

次にタチウオ密度による使い分け。タチウオが高密度な場合で明るい時間帯はB、C、D。このなかにはクリア系と非クリア系があり、食いが渋くアタリが出にくくなったらクリア系を使う。夕マヅメになればAの白系。タチウオが低密度の場合に釣れるのは夕マヅメからになる。まずは遠くからでもよく見えるA。ショートバイトが多発したら輪郭がはっきりしたものよりも、光を透過しシルエットがぼやけるカラーにチェンジする。

●ワームのカラーグループ（マナティーの場合）

A　白系

●膨張色で光量が少なめのマヅメの時間帯、ナイトゲームに有効

① MT-01 パールホワイト、② MT-08 スーパーグロー、③ MT-K2 ケイムラ・ブルーファントム、④ MT-K3 ケイムラ・ファントムシルバーラメ（ファイブコアオリジナル）、⑤ MT-K6 ケイムラ・シルバーパール

B　ピンク系

●明るい時間帯、デイタチウオ用。潮色がクリアの場合

① MT-07 ピンクグリッター、② MT-09 ピンクバック、③ MT-K1 ケイムラ・ピンクグリッター、④ MT-K12 ケイムラ・マヅメピンク、⑤ MT-K15 ケイムラ・ピンク / マルチラメ、⑥ MT-K16 ケイムラ・クリアバイオレッド / ピンクラメ、⑦ MT-K17 ケイムラ・クリアピンク

C　オレンジ系

●太陽が西に傾き光が黄色っぽくなってきたら出番。潮が濁り気味の時

① MT-05 サンセットオレンジ、② MT-19 パールオレンジ、③ MT-K4 ケイムラ・オレンジ / ゴールドラメ、④ MT-K7 ケイムラ・クリアーオレンジ、⑤ MT-K12 ケイムラ・マヅメピンク

D　赤系

●急激に濁りが入ったときなどのタフコンディション、明るい時間帯用。宙層以下のレンジで使用

① MT-04 レッド / ゴールド、② MT-14 レッド・ゴールドラメ（ファイブコアオリジナル）、③ MT-K5 ケイムラ・ラズベリーレッド / シルバーラメ

Special

[デイ〜マヅメ用]

① MT-06 ハゼ、② MT-27 ボトムチャート、③ MT-28 アカハゼ、④ MT-31 フラット SP-N、⑤ MT-K9 ケイムラ・アンバー / ゴールドラメ

[満月ナイト用]

⑥ MT-07 ピンクグリッター、⑦ MT-K1 ケイムラ・ピンクグリッター

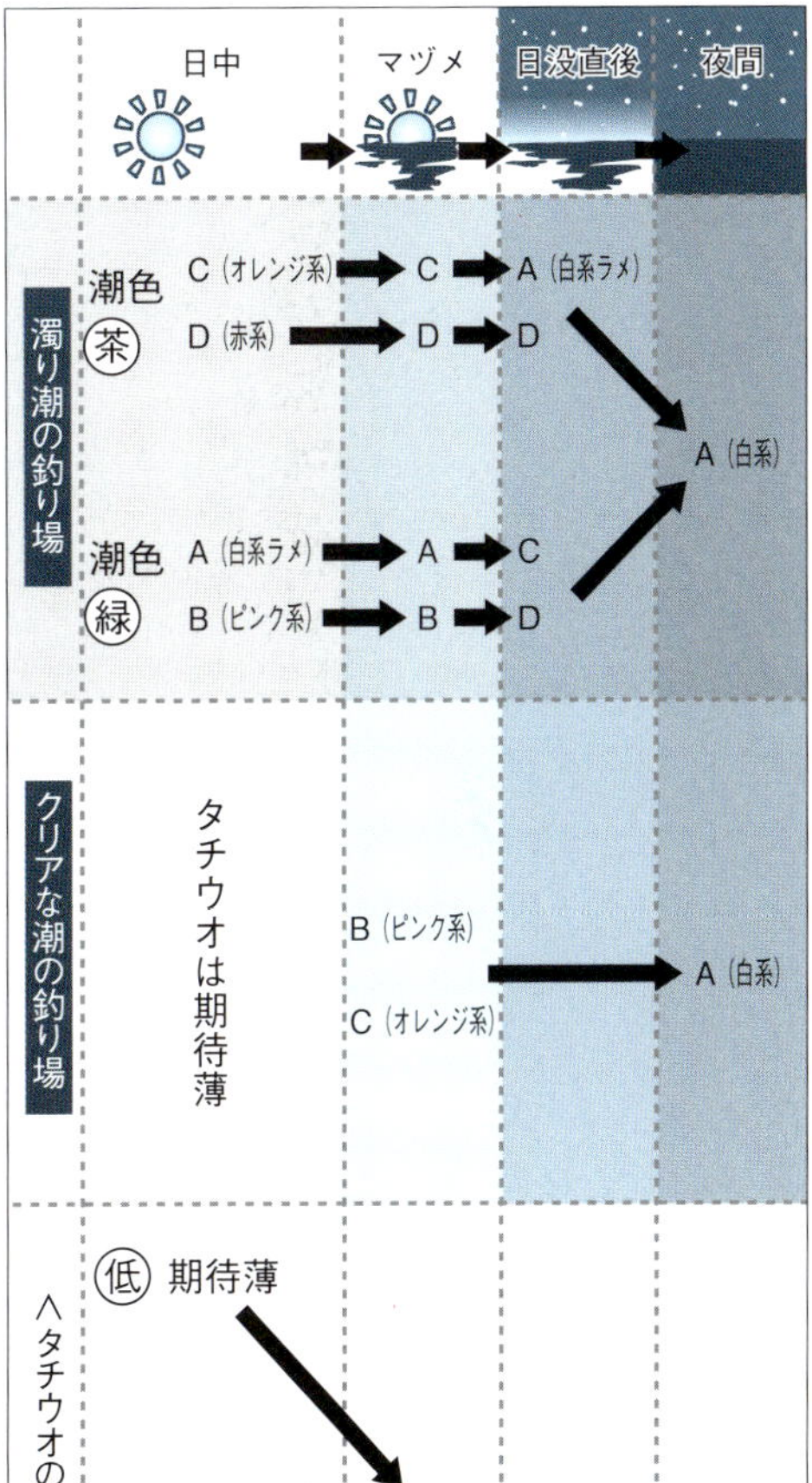

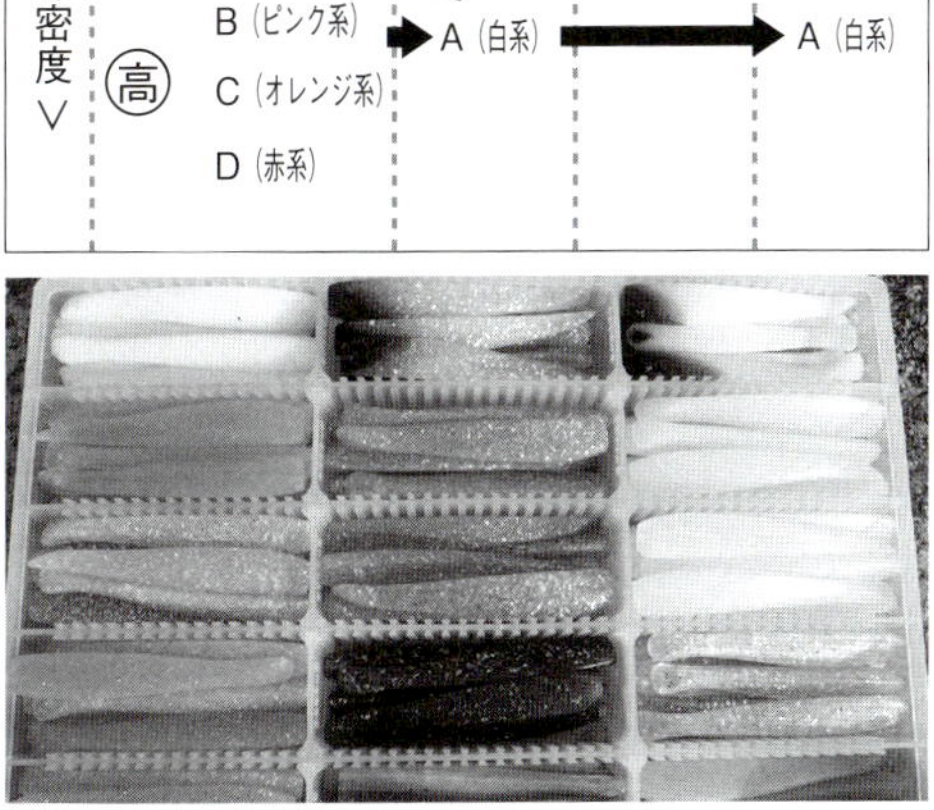

定番とされるパールホワイト１色だけ持って釣り場に出て、それがマッチしていなければ終わりになってしまう。できれば５、６色のワームを準備しておきたい

最新ワーミング！フラップ釣法とは

タチウオをねらうルアーフィッシングでワインドよりもさらに新しい釣法が「フラップ釣法」だ。手本になっているのは武庫川一文字で2～3時間で数十尾という釣果を安定して叩き出す、独特の引き釣りをするグループの手法。ドジョウをセットしたテンヤの着水と同時にアクションを開始し、リーダー真ん中に付けた発光体が海面に見え隠れする浅いレンジを直線的な動きでタチウオを食わせる。

これをルアーのワーミングに応用したのが「ワインド釣法」生みの親であるオンスタックル・小林勝治さんだ。ワインドではどうしても勝てないのは「エサを使っているから」という理由だけではなかった。確実にそのテンヤアクションにあったのだ。特にワインドでアタリが少なくなってからの威力がすさまじかった。

とにかく発光体が見える浅ダナが中心というのが衝撃的で、発光体が直線的にパッと動いてピタッと止まり、またパッと動く。「ケミが一瞬でワープする感じ」と小林さんは表現する。このクイックリーな直線運動こそがタチウオの食い気にスイッチを入れる。ロッド操作は当然ワインドとは違うし従来のストロークの大きな引き釣りとも違う。サオ先を下げた状態からラインを張って10cm、20cm、30cmという引き幅を織り交ぜながら小刻みに、ロッドが自分の頭の上にくるまで引く。この間リールは一切巻かず、再びサオ先を下げる時にイトフケを取るようにリールを巻き、再び同じ動作を繰り返す。

最重なのは、できるだけクイックリーな直線的な動きでラインは緩めないこと。理由は小刻みに引いている間に出るすべての微妙なアタリを合わせるため。ラインが緩んだ時に食ってもアタリは出にくい。たとえばマヅメの時合が過ぎ、ルアーや引き釣りよりウキ釣りが有利になるのは、タチウオの食い方がエサを小突くだけで食い込まない地味なものになるためだが、直線的で小刻みな引き釣りの誘いだと、そんな小アタリも確実に感じ取り高確率に掛けることができる。2016年、この引き釣りを手本にワーミングに応用、完成した釣り方を、小林さんは飛行機の主翼にある揚力装置をサオの動きに見立てて「フラップ釣法」と命名したのである。

ワインドではどうしても勝てない……。
その悔しさをバネに小林勝治さんは
「フラップ釣法」に開眼したのだ

●フラップ専用のヘッドに進化

ルアーフィッシングからのアプローチをする場合、直線的な引き方、誘い方に関してはジグヘッドはトレブルフックのままでは難しい。引き釣りテンヤは後方に下向きの大きなハリが１本ありタチウオがドジョウのボディーを噛んだ時にハリ先が上を向きタチウオがよく掛かる。ワインドのトレブルフック（アシストフックも含めて）は、タチウオが食って引っ張り込んでから合わせて初めて掛かるシステム。そこでハリの線径、サイズから角度、バーブの有無などを試行錯誤し、2016年にデビューしたのが専用のテンヤヘッド『フラップヘッド』。使用するワームは直線的な誘いに向くマナティーピンテール。シャッドなどバタバタ暴れるワームで食ってくるようならワインドで釣ればよいのだ。この『フラップヘッド』は、ワームとエサの共用だったが、さらに翌年にはワーム専用でセットが簡単な『フラップヘッド 2』も発売になった

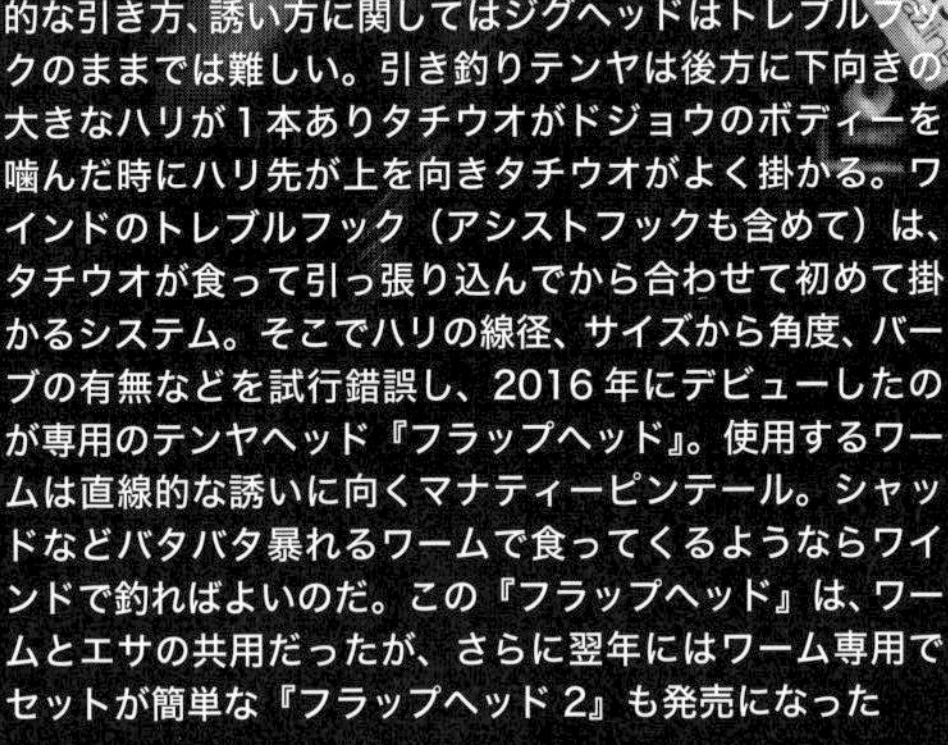

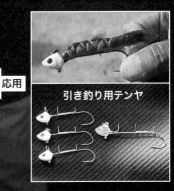

応用

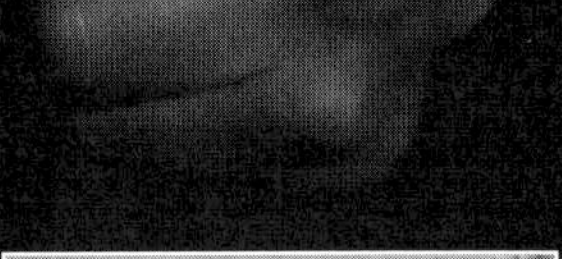

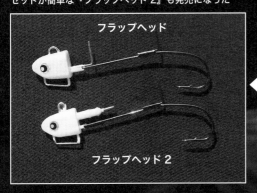

フラップ釣法の基本メソッド

ワームだけで釣りをするなら『フラップヘッド』よりもワームのセッティングが簡単になった専用設計の『フラップヘッド2』がおすすめ。大きな違いは前の固定ピンがワームキーパーになっている点。エサのドジョウもセットできるフラップヘッドにくらべてワームのセッティングが素早くできる。ヘッドサイズは3／8ozと1／2ozの2アイテムでカラーはシルバー、シルバーホロ、グローの3色がある。セットするワームは直線的なアクションに向く『マナティーピンテール105』だ。

使用するロッドはワインド用のようにティップが入りすぎない硬めがベター。ただしティップが硬ければよいというものでもなく、硬すぎるとルアーが跳ねてしまう。心配ならジャストエースから発売された『ショア・フラッパー852KM』という専用機種がよいだろう。もしティップが軟らかいワインド用ロッドなどを使う場合は、ロッド操作をリール部分を中心とした回転運動ではなくロッド全体の平行移動でカバーすればルアーを直線的かつクイックリーに引くことが可能だ。

釣り場ではルアーを着水させたら即座にベールを戻してラインの出をストップさせ、ティップを下げた状態から即座にアクション開始。リール部分を中心にロッド角度を変えて直線的に素早くルアーを動かし誘う。ラインを緩めないことが何より重要だが、この間、リールは一切巻かないこと。ティップが頭上にくるまで誘ったら、極力イトフケが出ないようにリールでラインを巻き取ってサオ先を元の位置に戻すのだ。フラップ釣法の手本となった引き釣りの場合はティップ移動幅が10～30cmと細かい。一方、フラップ釣法の場合は誘い幅を数十cmから1mと広くする。これはエサとルアーでは意識する部分が違うからで、引き釣りの場合はエサのドジョウをタチウオの目の前に持っていくイメージだが、フラップではワームで周辺のタチウオにアピールし、引き寄せることを意識するためだ。

ルアーを引くのは基本的に表層近くの浅いレンジだが、これはあくまでも基本。レンジが一定の時はサオを横にして引いたり引き幅を広くしたり、食いが渋い場合は宙層まで沈めたりと可能なパターンを試してみたい。

① ロッドを下げた状態からスタート

② リールを中心にサオで弧を描く感じ

③ 数十cmから1m幅で断続的に引き上げる

④ イトフケを巻き取りながらサオを戻す

●ロッドアクションは直線的

①キャスト後ルアーを着水させたら、すかさずベールを戻しサオ先を下げた状態からアクション開始。②リール部分を中心にロッドで円を描く感じ。③数十cmから1mほどの引き幅で直線的、かつクイックリーに、一呼吸ほどの間を置きながら頭上にくるまで引き続ける。④この間はリールを一切巻かず、サオ先を下方に戻す際に素早くイトフケを巻き取る。この動作を足下近くまで繰り返す

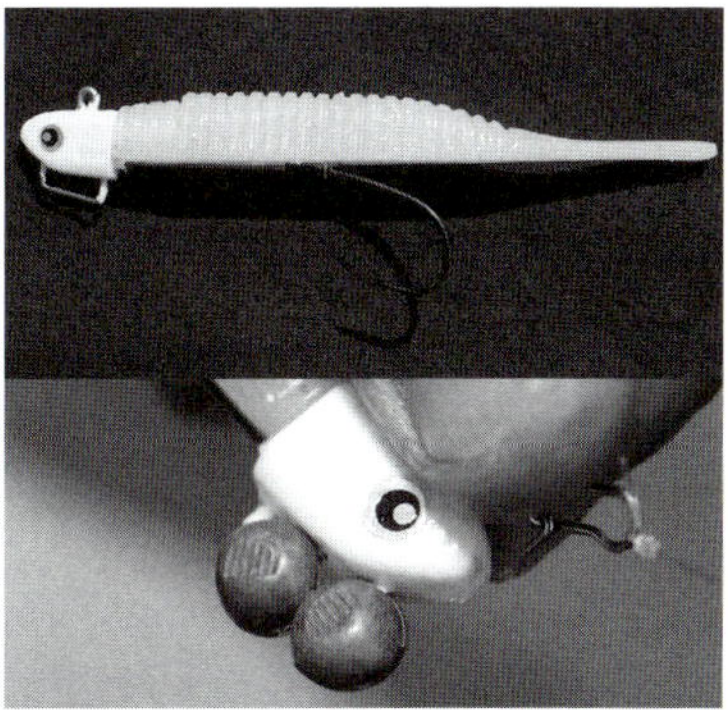

『フラップヘッド』『フラップヘッド2』には『マナティーピンテール105』がベストマッチ。両フラップヘッドの下部には大型バンパーが付いておりボトムに当たる際のガードの役目だけでなく、ここにガン玉を打つことでヘッドの重さを調節できる。向かい風が強くなった場合など即座に対応可能。写真のようにガン玉5Bなら2個まで並べて打つことができる。プライヤー等でしっかり固定すること

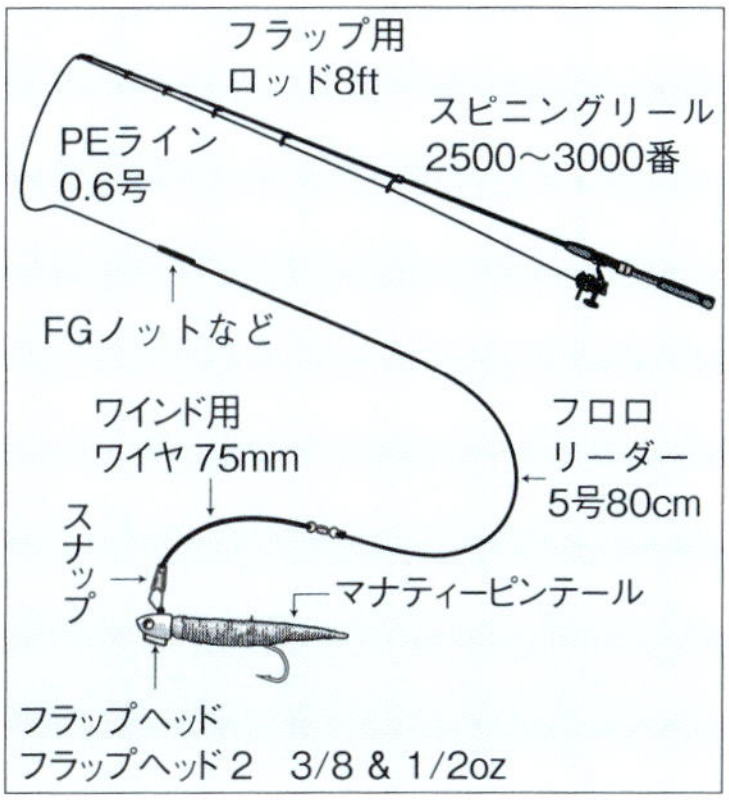

メタルジグの釣り（ショアジギング）

　船では日中の釣りが当たり前だが、岸からデイゲームでタチウオをねらうのは条件が揃わないとなかなか難しい。というのも明るい時間帯、タチウオは沖の深い場所に移動してしまっているからだ。船釣りが日中に行なわれるのはこのためだ。とにかくタチウオが潜む深いポイントまでルアーが届く場所を見つけることが先決。たとえば岸から離れた渡船利用の一文字波止（沖堤防）や、工場地帯の水路に面した釣り場で大型船が出入りするために深く掘り込まれた航路筋など、いわゆるミオ筋などがそうだ。これらのすべてでとはいえないが、タチウオの群れさえ入っていればデイゲームが成立する。

　問題はそのポイントまでの距離で、岸から20～30ｍと近ければジグヘッドとワームを使用するワインドなどでＯＫだが、たいていはそれ以上の遠距離の場合が多い。また深い水深を効率よく釣るには重くて早く沈み、よく飛ぶルアーが必要。それが金属製ルアーのメタルジグだ。

　時間帯は釣り場によっては太陽が真上のお昼前後でも釣れる場合があるが、基本的には夜明け後なら午前9時ごろまで、午後は太陽がやや西に傾いた時間帯からがよい。たとえば関西でタチウオがシーズン入りした9月ごろと終盤の11～12月では、日の出・日の入り時間がまったく違うため一概にはいえないが、おおむね朝マヅメ後もしくは夕マヅメ前の1～2時間と考えればよい。

　したがってメタルジグによるタチウオ釣りは、それだけではもったいない。日中は青ものなど他魚ねらいを兼ね、タチウオの時合になればワームの釣りなどに切り替えると効率よく楽しい釣りができる。

日中、沖の深みに潜んでいるタチウオをねらうには遠くまで飛んで深い場所まで早く沈む金属製のルアーが必要。それがメタルジグだ

同じ岸からのジギングでも大型の青ものをねらうようなハードさはなく、タチウオならライトタックルで手軽にできる。太陽に照らされ輝くタチウオは、とにかく美しい

タチウオ用のメタルジグ

陸っぱりのタチウオデイゲームで使用するメタルジグは、30～40gを中心に、それ以下のウエイトも用意しておけば幅広いシチュエーションに対応できる。ポイントまでの距離がうんと近い場合や、早く沈めすぎると食いが悪くアタリが出ない場合などは、スローにフォールする軽めの20g以下が有効だ。

メタルジグがタチウオに威力を発揮する夕マヅメ前、朝マヅメ後は、真っ昼間にくらべ光量は少なく斜光で、地上がそこそこ明るくても水中は薄暗い。したがってジグカラーはグロー系のアピール力が高くヒット率も高い。タチウオのスペシャルカラーとして各社から出ているゼブラ柄のグローがおすすめだ。真っ昼間に釣れる場合は特にグローカラーは必要ない。

タチウオ用のスペシャルカラーとしてグローカラーが交互に入った縞模様、ゼブラグローが人気。特にタマヅメ前、朝マヅメ直後の光線量が少ない時間帯に有効

ジグの形状としてボディーが長いセミロングタイプが選べるのであれば、それにこしたことはない。歯が鋭いタチウオにはボディーが長いセミロングのほうがリーダーに傷が付きにくく安全。夏タチのように小型ばかり釣れる場合は、短いノーマルボディーでも問題なし。秋以降、タチウオが大きくなる本格シーズンに入れば、セミロングを使うことでジグを失うリスクが軽減できる。

ジグ本体のウエイトバランスに関してはセンターもしくは、ほんの少し後ろ寄りのものがフォール時にヒラヒラと揺れるため、タチウオにはハイアピールで食わせやすい。リアバランスのジグを使うのは、どうしても飛距離を稼ぎたいときだけ。また逆に前が重いフロントウエイトのジグは海中で素早く動くのが特徴だが、捕食が下手なタチウオをねらうのには必要ない。

●メジャークラフト
ジグパラ

●オンスタックル
ZZースタップ

●ダイワ
サムライジグ

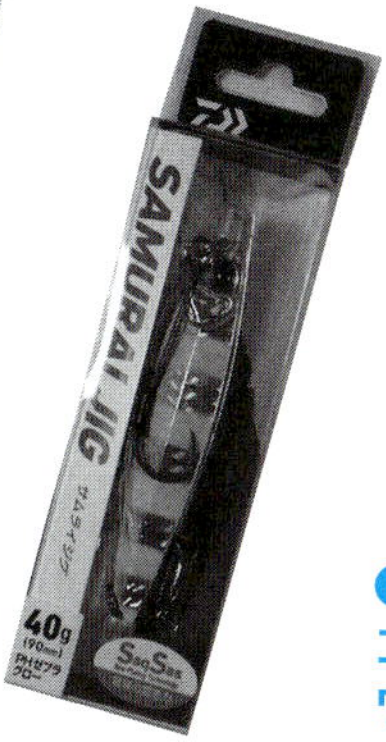

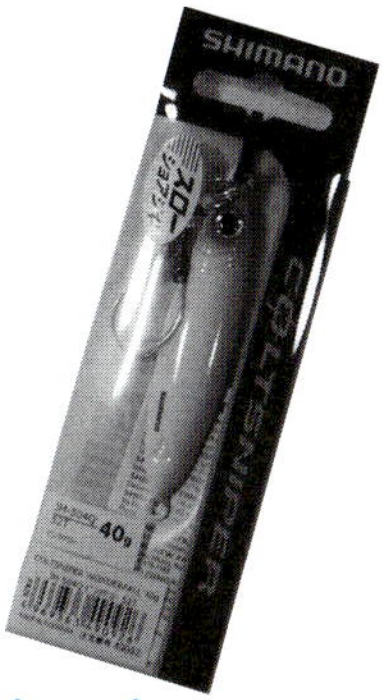

●シマノ
コルトスナイパー
ワンダーフォール

ジグパラスロー

ヒラヒラと落ちる『ジグパラスロー』は、ゆっくりとした動きに反応するタチウオに最適。リアはシングルなのでトレブルフックに交換すること

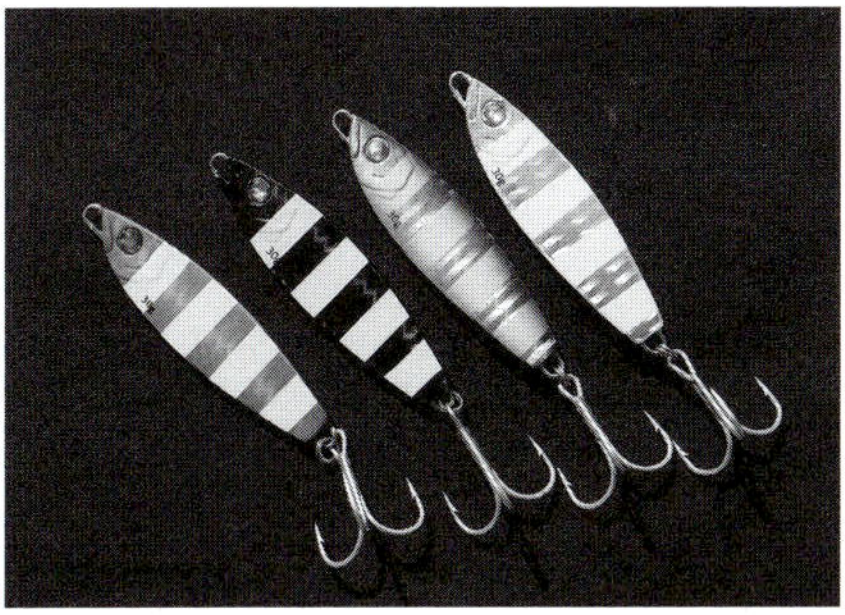

ZZースタップ

●ジグパラ　リアにトレブルフック、フロントにティンセル付きのシングルフックが標準装備された誰にでも使いやすいメタルジグ。陸っぱりには 20、30、40 g がマッチ。特におすすめはタチウオスペシャルカラーでオールグロー、パープル、ゼブラパープル、2 トーンパープル、ゼブラピンクの 5 色。釣り場でリーダーをつなぐだけで、すぐに釣りができる

●ZZ- スタップ　ややリアウエイトバランスでワインド専用ロッドで操作しやすいメタルジグ。片面ケイムラコーティングのチラチラ効果で強烈にアピールするノーマルカラーと、残像変化でアピールするゼブラグローカラーの 2 シリーズがあり 20、30、40 g の 3 ウエイト

●サムライジグ　オールマイティー なジグ。フロントにティンセル付きのシングルアシストフック（サクサス）、リアにトレブルフックを標準装備。スイミング性能、水平フォールも安定している。ウェイトは 7 〜 130 g の 10 種、ゼブラグロー、マイワシなど全 11 色

●コルトスナイパー ワンダーフォール　ショアからのスロージギングにマッチしたフォールアクション。ゆっくりタチウオにルアーを見せられるので、日没前、夜明け後の明るい時間帯、ディープゾーンねらいにおすすめ。フックがフロントシングルのみなのでリアにトレブルフック＃ 4 〜 6 をセットすること。ウェイトは 30、40、50、60 g の 4 アイテム、カラーは 10 色

ショアジギングのタックル

　岸からのジギング、いわゆるショアジギングというと大型の青ものをねらうようなハードタックルを想像しがちだが、タチウオねらいの場合は同じショアジギングでも、かなりライトでよい。青ものならハマチ（イナダ）クラス以下、良型のサバを釣るような、いわばスーパーライトなジギングタックルでOKだ。

　ロッドは20～30gがベストマッチ、マックス40gのメタルジグのウエイトがきっちり胴に乗り、しっかりロングキャストできるライトショアジギング用。長さは遠投性能を考慮して9ftより少し長い程度のものがよい。細身軽量でタチウオを筆頭にハマチ、ツバス、サバなどの引きが軽快に楽しめる程度のバットパワーがあり、ティップがしなやかなものがよい。20gほどのジグ限定使用ならワインドで使用するロッドを流用してもかまわない。それぞれに別のタックルを使うのが理想だが、同じロッドでルアーをメタルジグとジグヘッドに交換するだけでも釣りの幅は広がる。

　リールはスピニングの2500番、ラインがPE0・8～1号、リーダーもフロロの20lbでよいのでワインド用と大差ない。もしキャスト時にラインとリーダーの結び目がガイドを通過する際に引っ掛かり、飛距離が伸びない場合は、リーダーをフロロより結び目がよく締まりコブを小さくできるナイロンを使うことでガイド抜けがよくなる。

ショアのタチウオジギングで使用するジグは最大で40gほど。それ以下の出番も多いのでタックルはライトなもので充分。青ものをねらうようなハードタックルは不要だ

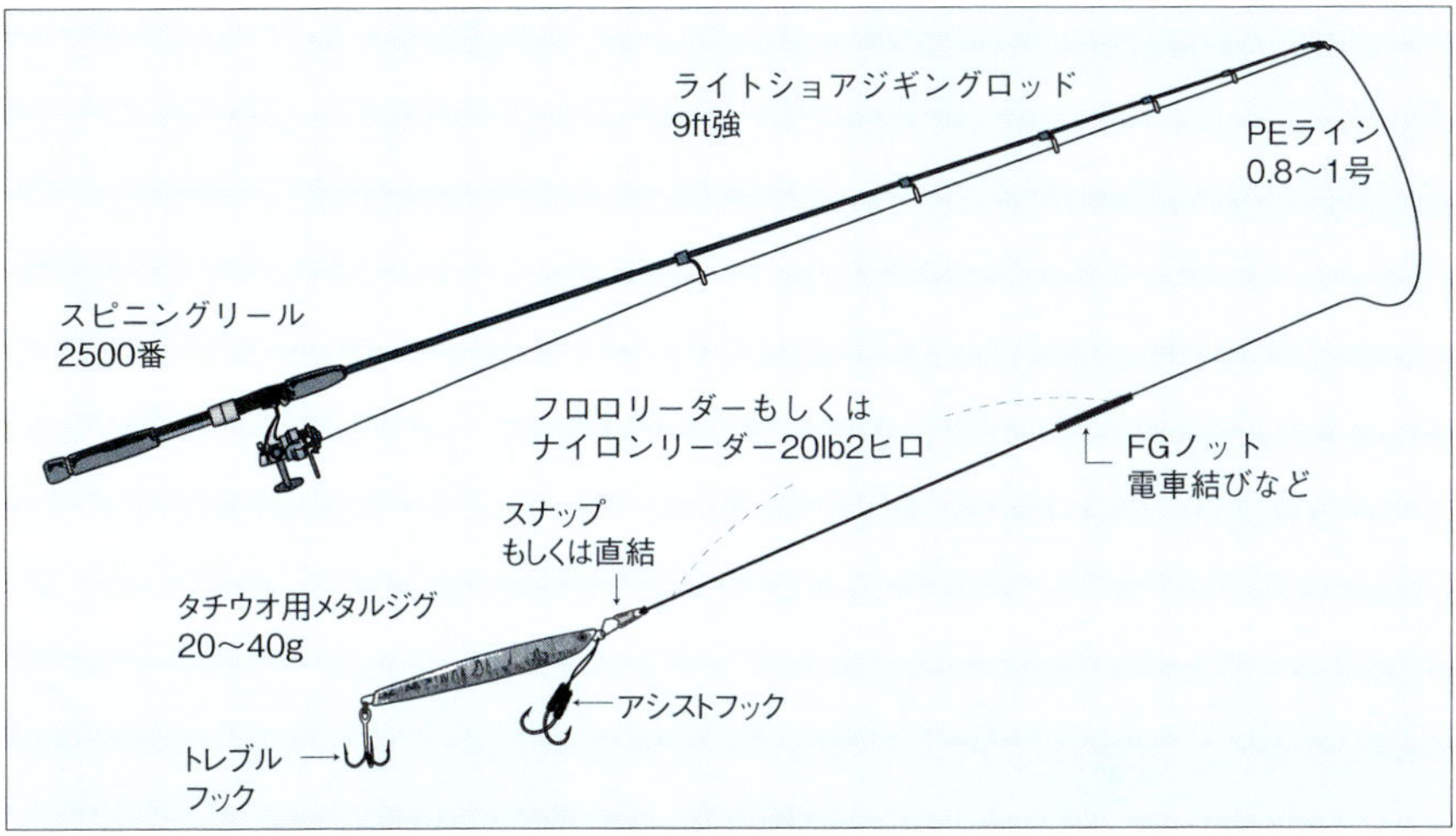

たとえばメジャークラフト製のロッドで例をあげると写真一番右の『エヌワン NSS-942SSJ』がおすすめ。SSJ はスーパーライトショアジギングの略で、40 g まで（20 ～ 30 g がベストマッチ）の軽めのメタルジグを使い手軽にジギングが楽しめる軽量、細身のロッド。ターゲットはタチウオを筆頭にツバス、ハマチ、サバなどを軽快に釣ることができる。しなやかさとパワーをあわせ持つのが特徴。このロッドにセットするリールは 2500 番で充分、大きくても 3000 番でよい。写真中央は『エヌワン NSS-832MLW』という少し軟らかめのワインド専用モデル。この 2 本を釣り場で使い分けるのが理想。左は『クロステージ CRX-862MW』という入門者に最適なリーズナブルなワインド用モデルだが、20 g までのメタルジグならキャストできるので、これ 1 本でワインドもジギングも OK

ショアジギングのフック

メタルジグのフックはリアにトレブルフック、フロントにシングル1本という組み合わせが基本。近年はジグにこの組み合わせがセットになったオールインワンモデルが多数販売されているので利用するのもよい。フックサイズも各メーカーで大差なく、基本的にはそのままでかまわない。ハリ軸の太さも、それほど気にすることはない。

ただフロントにシングルフックしか付いていないものは必ずリア側にトレブルフックをセットすること。ツバス、ハマチやサゴシなど青ものねらいならこのままでOKだが、タチウオに関してはフロントのシングルフックは本来不要で、ほとんどの場合リアのトレブルフックにフッキングするからだ。セットするトレブルフックのサイズはメタルジグ30～40gに対して#4、20gなら少し小さい#6くらいが目安だ。

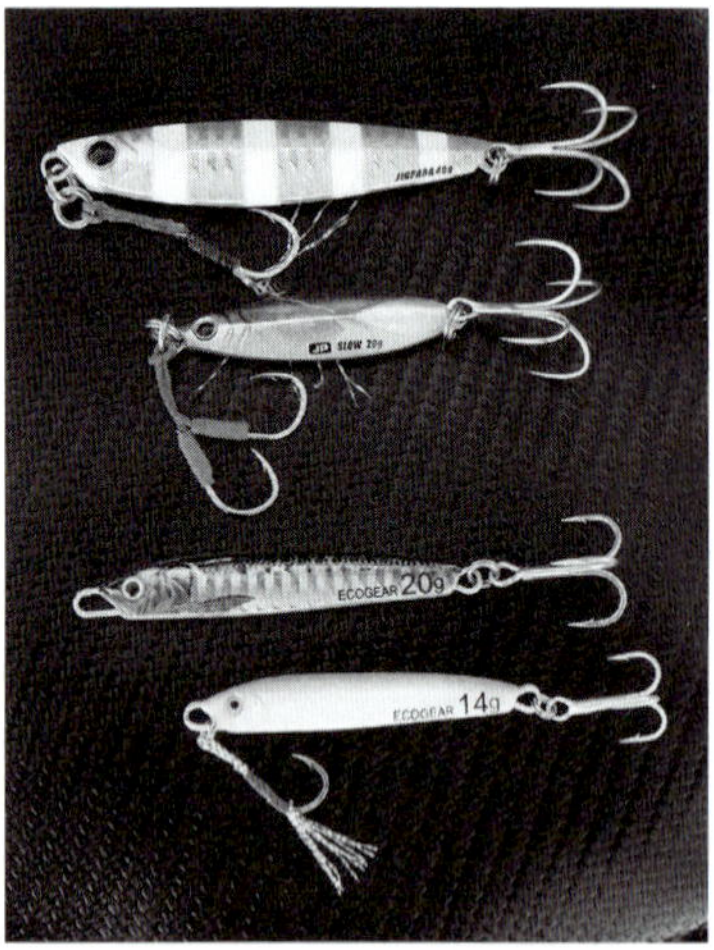

タチウオねらいのメタルジグにはリアのトレブルフックが絶対必要。青ものねらいのようにフロントのシングルフックだけでは、まず掛からない。極端な話、フロントフックは必要ないのだ

また最近はリアをトレブルフックからオフショアジギング用の細軸4本（十字バリ）で、カエシがないバーブレスフックに交換する人が増えている。これでジグに絡むように食いに来るタチウオのキャッチ率が格段にアップするという。巻きアワセの状態でも、とにかくフッキングは抜群で深く刺さり込む。ただしバーブレスなので掛けて寄せる途中はポンピングなどでラインを緩めないこと。一定のテンションでリールを巻けば、ほとんど外れない。海面に浮かせてからもモタモタせず一気に陸上に抜き上げよう。陸上に抜き上げてからは外れやすいので注意。ハリを外す手間はなくなるが、抜き上げた場所が悪ければ、せっかく釣りあげたタチウオが海へ逆戻り……ということが起こるので気を付けよう。

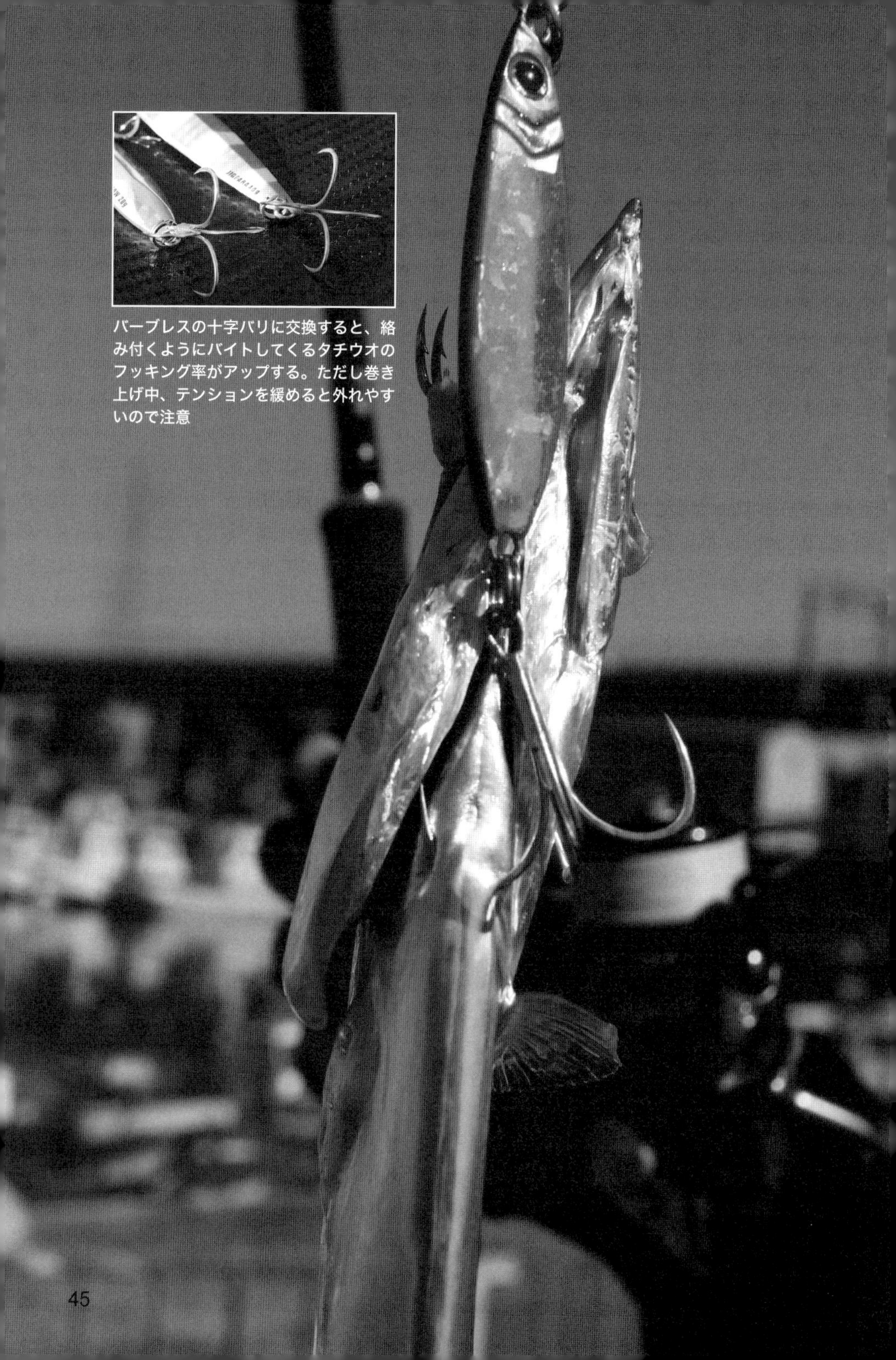

バーブレスの十字バリに交換すると、絡み付くようにバイトしてくるタチウオのフッキング率がアップする。ただし巻き上げ中、テンションを緩めると外れやすいので注意

ショアジギングの実際。基本的なねらい方

釣り方はメタルジグを遠投して海底まで沈めたら、すかさずワンピッチ・ワンジャークを開始。あまり速く巻きすぎないこと。タチウオの場合はゆっくりめに、海底付近を中心に足下まで引いてくればよい。特にリフト&フォールの必要もないから初心者でも簡単だ。サオ先を上45度くらいに構え、軽くゆったりスローにジャーク。ワインドとは違いサオ先でルアーを引っ張る感じ。ロッド1シャクリに対しリールのハンドル1回転。ハマチなど、青ものねらいのような大きく派手なジャークは必要ない。タチウオはルアーの激しい動きを追い切れないからだ。

ポイントはできるだけ深いところ。何回かキャストし、ボトムを取ることで少しでも深い場所を探す。アタリが出るポイントを見つけたら集中的にねらう。日中のタチウオは群れでピンポイントに集まっているのだ。通常は底から2～3mまで、ボトムべったりに群れがいることが多いが、条件がよければ宙層にまで浮いていることがある。こんな場合はスローな連続ジャークで宙層までジグを引き上げたら、再びジグを底まで落として繰り返す。ポイントから外れ、浅くてタチウオがいないと予測できる位置まで引いてきたらジグを回収して投げ直す。

ジャーク中のアタリが最も釣りやすい。ロッドをシャクっているときにガツンと当たれば初心者でも簡単。ジグのフォール中にアタリが出ることもある。特にキャスト直後、最初にボトムまで沈めるときは油断禁物。完全にフリーで落とすのではなくスプールに軽く指を当て、少しだけブレーキを掛けてラインを張り気味にフォールさせると、アタリが伝わりやすく、とっさのアワセも行ないやすい。

タチウオの場合はゆっくりしゃくってジグをしっかり見せてアピールする。引き寄せたタチウオは躊躇せず一気に抜き上げよう

タチウオが集まる深い場所を見つけたらメタルジグを、そのポイントよりも少し沖にキャスト。出て行くラインに軽くブレーキを掛けながら海底まで。この時点でアタリが出ることもある。

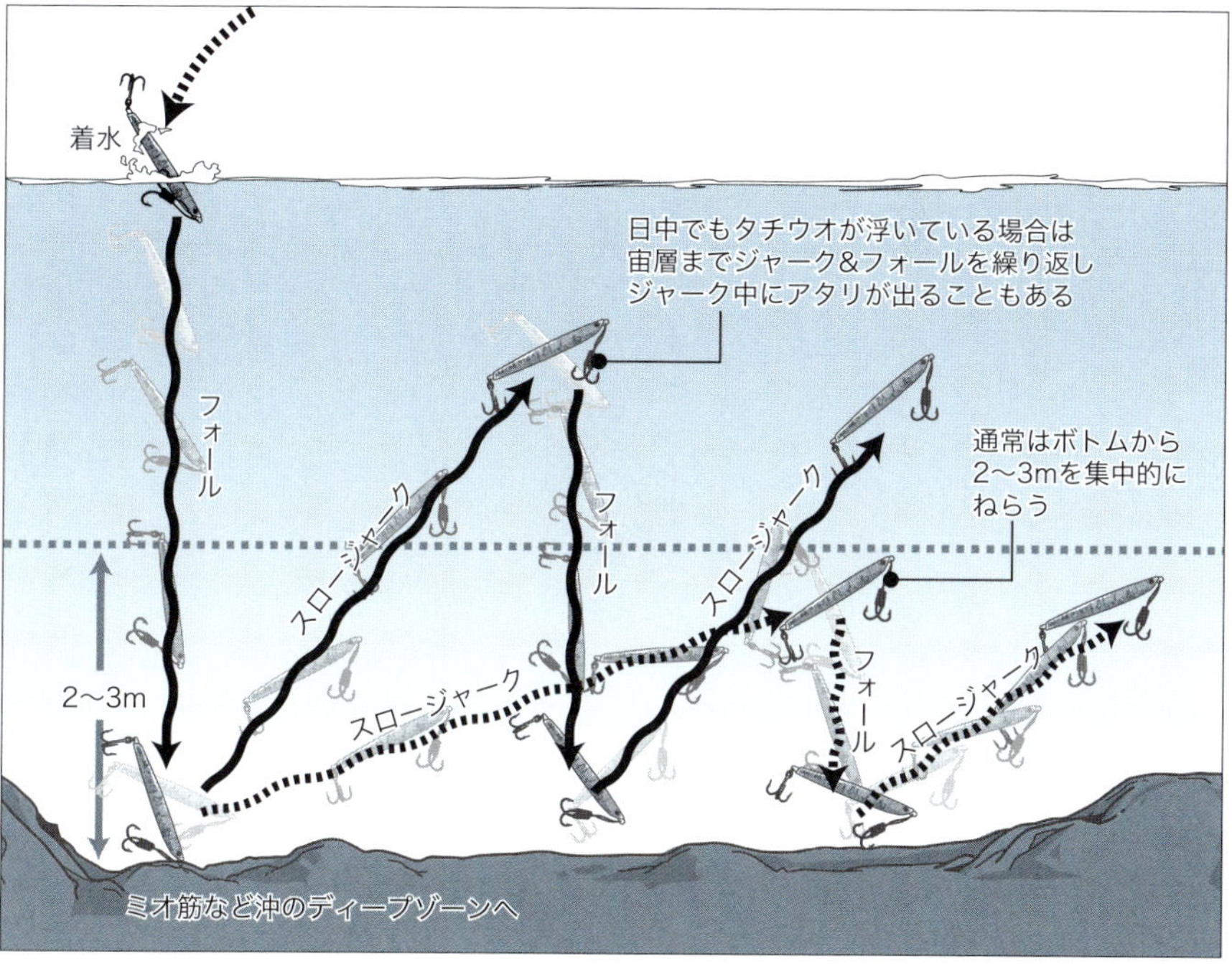

バイブレーションなどプラグの釣り

その昔、岸からタチウオを釣るルアーといえばバイブレーションプラグというハードルアーがメインだった。というより「タチウオといえばバイブレーションでしょ？」という認識しかなかったほど、ルアーでのタチウオは一般的ではなかったのだ。そんな風潮のなかで登場したワインドというワームの釣りが、ルアー全体を見直すきっかけになったのは間違いない。とはいっても、ハードプラグの釣りは「ワインドとメタルジグの間の時間帯をつなぐもの」という位置付けではある。

朝なら日の出の直後、夕方なら日没前がプラグの出番。ただワインドと時合が重なることも多く「プラグで釣り」というこだわりが必要かも？

たとえば朝マヅメ前後の釣りの場合、夜明け前の暗い間はワインドで、少し明るくなったらミノー、バイブレーション。完全に明るくなったらメタルジグという釣りの組み立てになる。夕マヅメ前後はこの逆だ。

その根拠になるのは時間帯、周囲の明るさによるタチウオの泳層、岸からの距離の関係。真っ暗な時間帯、タチウオは岸近くの表層にいることが多い。プラグ類でも充分ねらえる距離とタナではあるが、真っ暗な海中ではアピール力が足りない。そこで大きくダートし独特の波動を生み出すワインドが威力を発揮する。ワーム内部に発光体をセットすることで、よりアピール力がアップする。周囲に明るさがあり景色が見えるような時間帯は、タチウオもルアーを目で追いやすくミノーが有効。この時間帯、タチウオはまだ岸近くの表層あたりをうろついていることが多いからだが、ミノーでねらってみて全然反応が返ってこない場合はタチウオが泳ぐ層がもっと深い、もしくは岸からもう少し遠いと考えて、よく飛びミノーよりも深いタナをねらえるバイブレーションがよい。

かつてタチウオといえばバイブレーションといわれていたルアーフィッシングだが、現在はダート系のハードルアーまで登場してバリエーションが豊富になった

「いかにもルアー」「これぞルアー」という感じがするミノープラグ。ワインド全盛のご時世にプラグで釣ることにこだわるのも釣りの楽しさのひとつだ

タチウオ釣りに適したプラグ

バイブレーションプラグは名前のとおり、ゆっくり引くだけでルアーがブルブル振動、バイブレーションを起こすルアーだ。サイズは70～90mmでカラーはグロー系がタチウオには効果あり。ボディー内部や背中に発光体やＬＥＤライトをセットできるものもあるので便利。

小魚をイミテートしたミノープラグは90～１２０mmがタチウオにマッチするサイズ。海面に落とすと沈むシンキングタイプ、海面に浮かぶフローティングタイプがある。よく沈み深いレンジを引きやすいバイブレーションとの併用を考え、ミノーに表層付近から宙層の浅めのレンジを担当させるならシンキングがよいだろう。ミノーは前部にあるリップに水を受ける構造で、シンキングは引っ張らないと海中に沈むようになっているため、ゆっくり引くことで浅いレンジをキープしやすい。カラーはマヅメ時の斜光を反射しやすくアピール力が高いメタリック系か、イワシカラーなどのリアル系がおすすめ。

バイブレーション、ミノーに加え、近年はタチウオ用ダート系のハードルアー、ハードプラグが続々登場している。

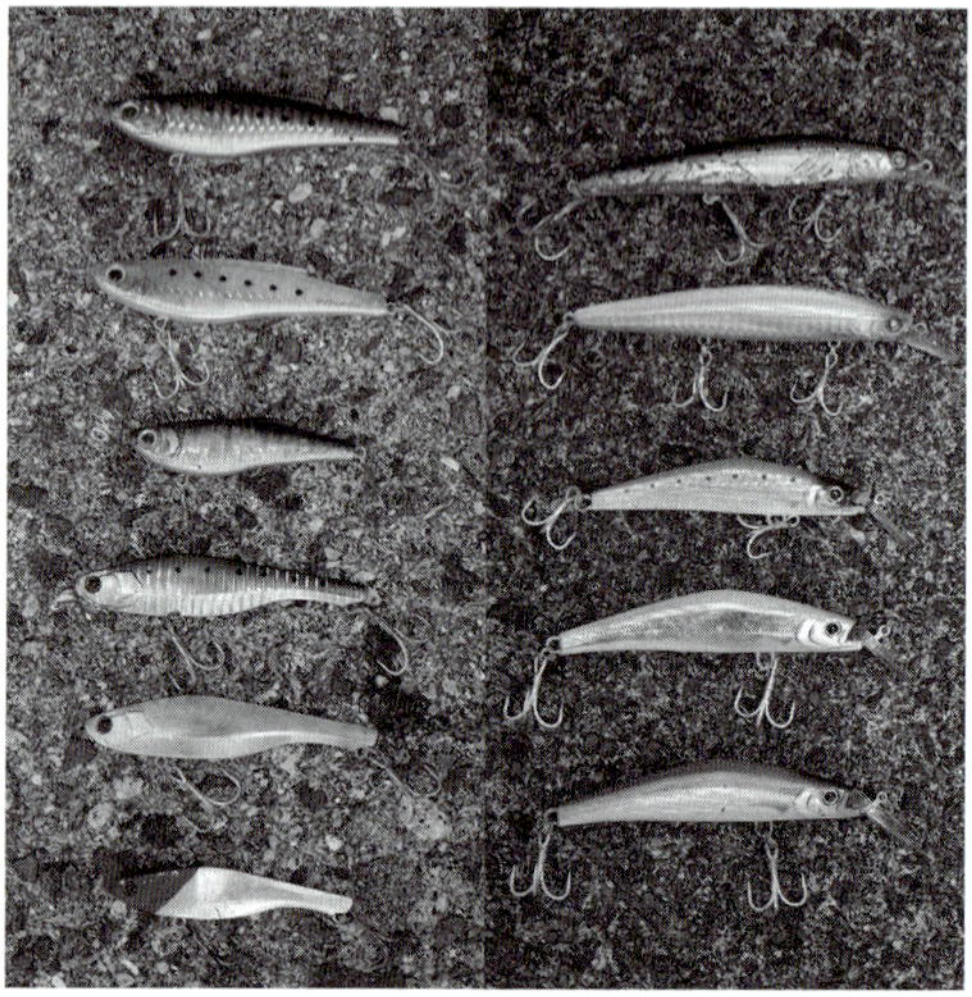

左がバイブレーションプラグ。ラインを結ぶアイが背中にあり、引くと背中に水圧を受けてブルブルと振動する。右がミノープラグ。大まかに分けてシンキングとフローティングの２タイプがあり、タチウオに向いているのはスローリトリーブでレンジキープしやすいシンキング

ワインドほどではないが、シンキングタイプなのでキャスト後に宙層までカウントダウンしながら沈め、ロッドで軽くシャクりながら引いてくると左右にターンしてタチウオにアピールする。食い込みのよさではワームに譲るが、何といってもハードルアーであるだけタチウオに噛まれても切れることがなく交換の手間がない。

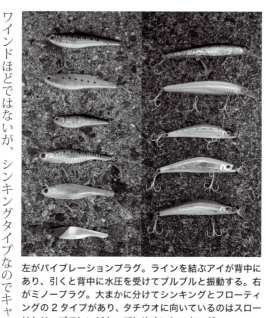

●シマノ　炎月 投弁天

ダート系のシンキングハードプラグ。前後のダブルフックをボディー下部に内蔵した強力マグネットで固定するシステムで水中、飛行中の姿勢が安定、ダートアクションや飛距離を妨げない。タチウオが掛かればボディーから外れ、しっかりフッキング。軽くシャクるだけで左右にきびきびダートし縦方向のブレが少ないのでレンジキープも容易

●ジャッカル
陸式アンチョビミサイル

元祖、陸っぱりタチウオ用ダート系ハードルアー。120mmボディーでウエイト21、28、35ｇの３バリエーション。軽い操作でダートしレンジキープ力にも優れる。ボディー後部にローリングスイベルが付いているのでブレードなどでのチューンが可能

●ストーム　五目カフェ

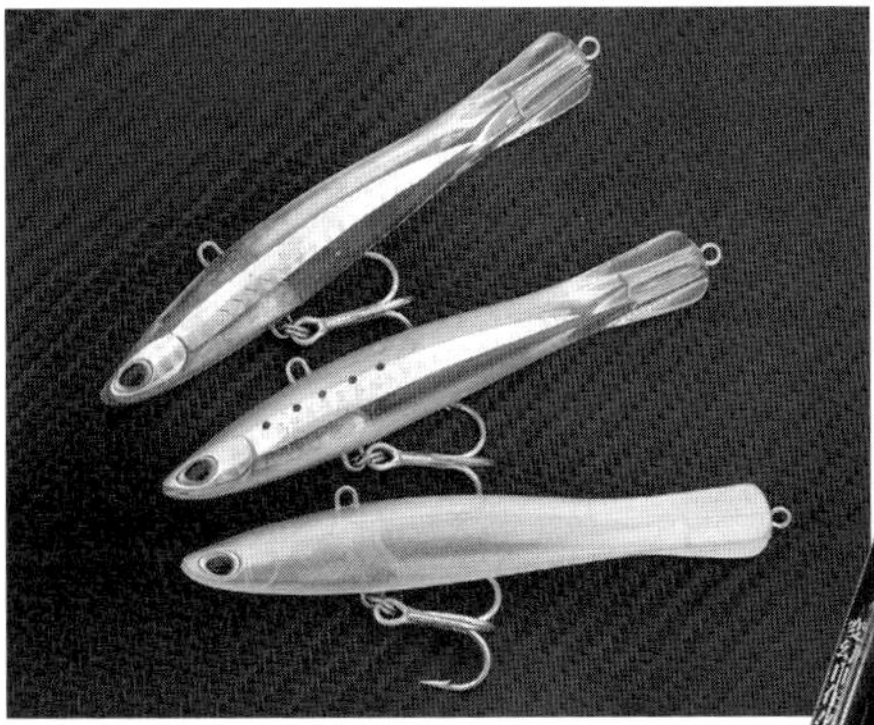

フックポイントがジグヘッドタイプのダート系ルアーよりも後方にあり、タチウオなどの腹部へのバイトに対応しているハード系のダートプラグ。独特のテールフィン形状で軽快にジグザグアクション。9cm20ｇ、10.5cm28ｇの２バリエーション

●プライアル
SWバイブ70太刀魚スペシャル

タチウオ用ルアーといえばバイブレーションプラグ。ただリールを巻くだけで釣れる簡単さがウリ。ボディー下部にケミホタル25を挿入できる穴を空けてある発光チューブ仕様。70mmサイズでウエイトは21g

プラグ用タックルと基本的なねらい方

ミノーやバイブレーションで釣る場合は、ワインド用やライトショアジギングロッドよりもシーバスロッドが向いている。長さでいうと９ftくらいはほしい。タチウオは足場が高い場所で釣ることも多いし、ワインド用８ft台のロッドよりもルアーを遠投できる。調子的にもシーバスロッドに多い、やや胴に乗るレギュラーテーパーが向いている。タチウオの場合はルアーに特別なアクションをかける必要がないので、操作性を優先した先調子のロッドは不要。かえって胴に乗る調子のほうがバレが少ない。ハリに掛かったタチウオが暴れてもロッドの胴がその動きに追随し、ハリ外れを防いでくれるのだ。リール、ライン、リーダーはワインドと同じ。スピニング２５００番、PE０・８～１号、フロロリーダー16～20lbで基本的にOKだ。

バイブレーションもミノーも基本はリールをゆっくり巻くだけだ。ルアーを投げて任意のタナ（明るい時間帯ほど深く、底近くまで）に沈めたら、サオ先を下向きにして１秒でリールのハンドル１回転。人間が早歩きするくらいのスピードが目安だ。バイブレーションで浅いレンジを釣りたいときはサオを立てて同じ操作をすればよい。タダ巻きでアタリが出ない場合は時折、引くのを止めてルアーをフォールさせてやるのも効果的。

また、よく飛び海底から表層まで探れるバイブレーションは広範囲を探れるため、タチウオがどこにいるかまったく分からないときに、偵察機のようなパイロットルアーとして使うことができる。

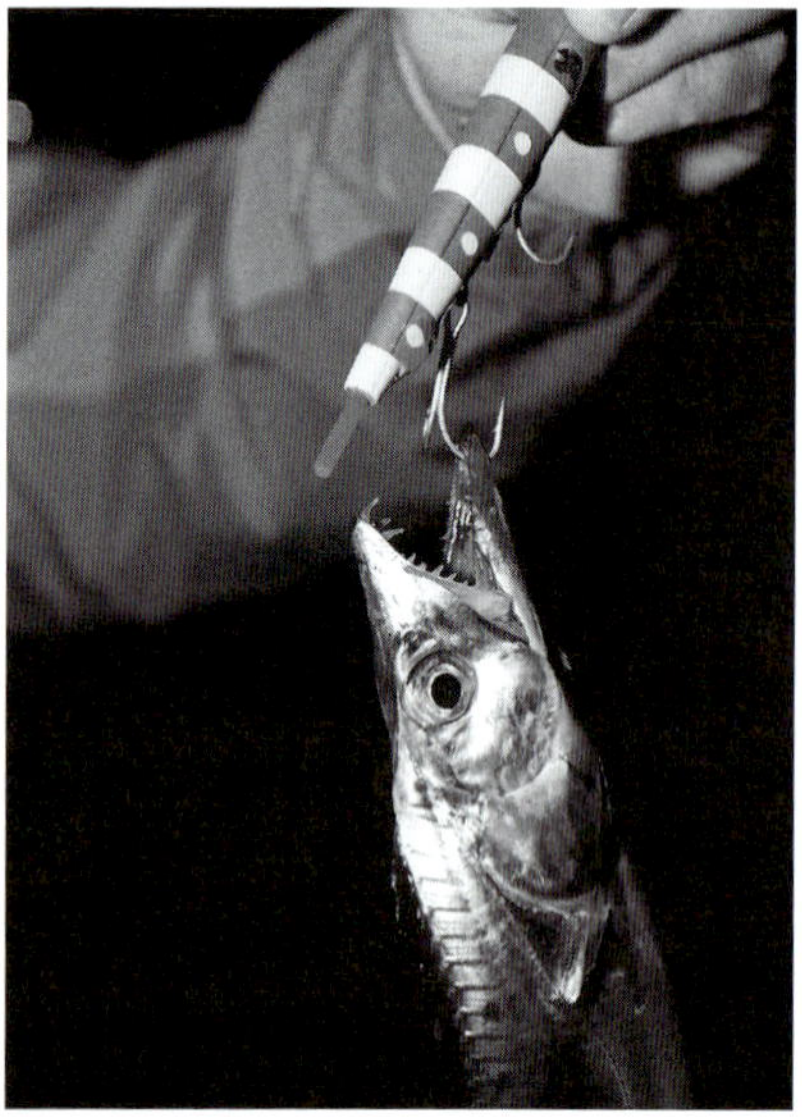

メタルジグでも同じだが、プラグなどのハードルアーは１尾釣るごとにワームの交換や調整をする必要がない

近年、多くなったダート系プラグの場合は、『炎月 投弁

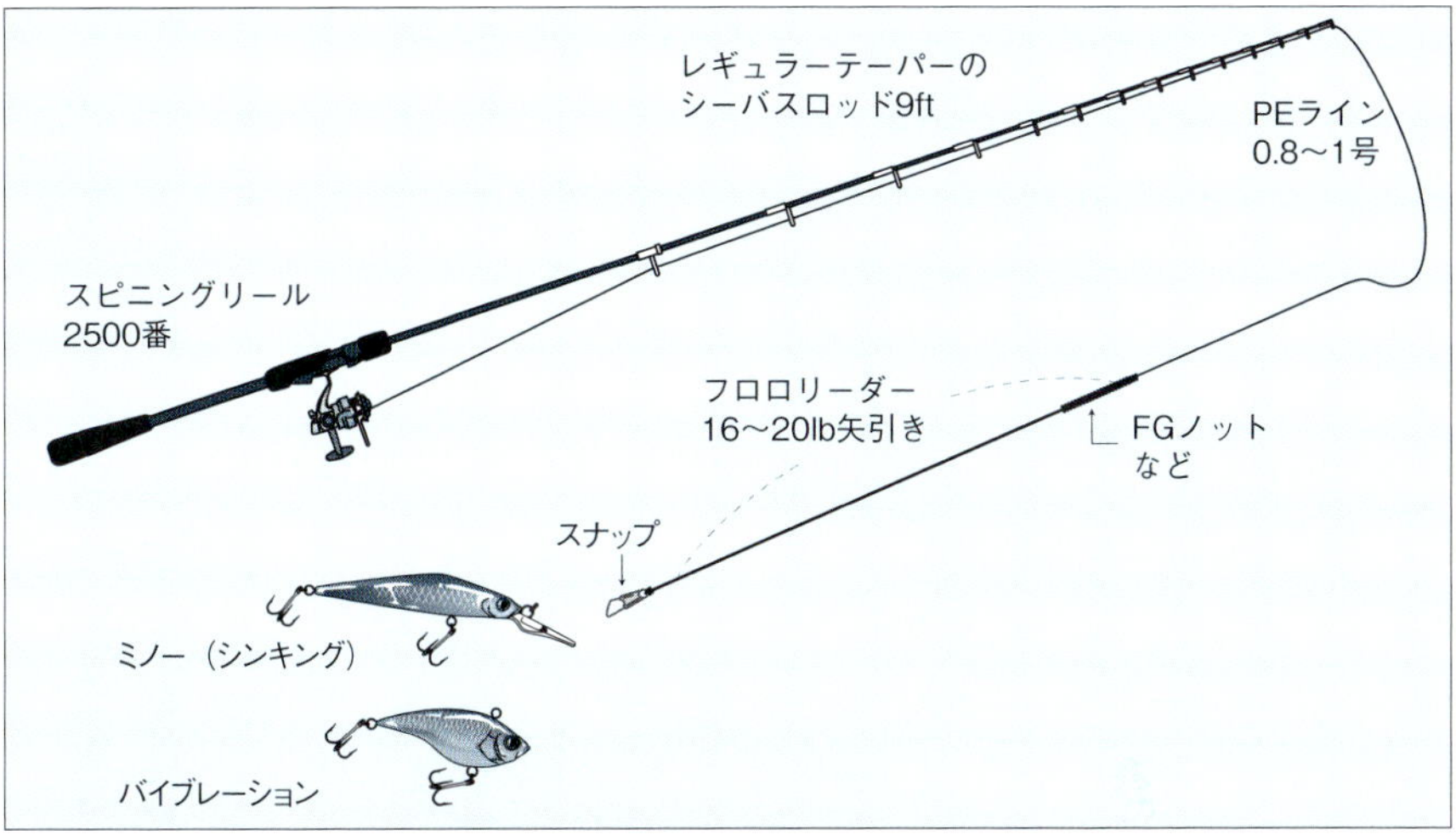

サオ先を下に向けリールを巻くだけのバイブレーションやミノーで釣る場合、ロッドは胴に乗るレギュラーテーパーのシーバスロッド 9ft くらいが釣りやすく、遠投もできるしバラシも少ない。軽くシャクらなければいけないダート系プラグの場合はワインド用ロッドを共用すれば OK。リール、ライン、リーダーに関してはワインドと同じでよい

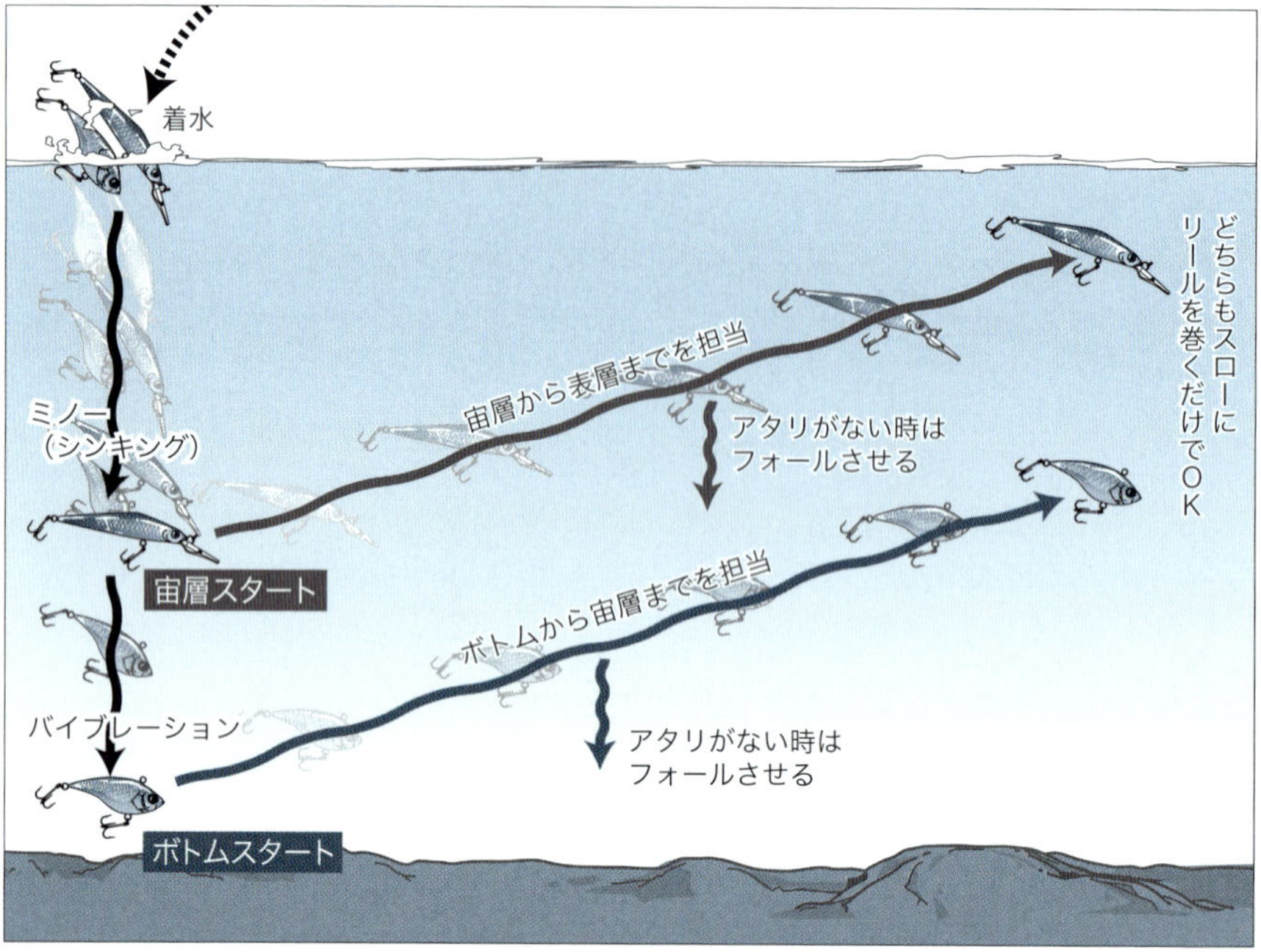

天』を例にとると基本はワンピッチジャーク。数回シャクってはフリーフォールさせレンジを戻して……を繰り返す。ワインドとほとんど変わりはないが、ルアーを大きくダートさせるために、激しくビシビシッとロッドを操作する必要はない。投弁天はソフトにゆっくりシャクっても素早く数十cm幅でダートしてくれる。また左右には大きくダートするが、上下のダート幅は小さいのでレンジキープがしやすいのも特徴。水面下1mのレンジでも空中に飛び出してしまうことがないという。

フォールの基本はフリーだが、高活性時はフォール中に食ってくることもあるので、指先をスプールに当て、放出されるラインに軽くブレーキをかけたテンションフォールでフォール中のアタリを取る。こうしておけばフォール中のアタリに素早く対応できる。またルアー着水と同時に多少ラインを出してからリールのベールを戻し、サオを起こしてラインを張りサオ先をルアーの沈下に合わせて下げていけば、より素早くフォール中のアタリを合わせることができる。投弁天を使用する時間帯は日中から日没直後までと一般的なワインドと変わらない。夜間でも潮が動きさえすればダート系のプラグにも当たってくる可能性はゼロではない。

化学発光体が欠かせない

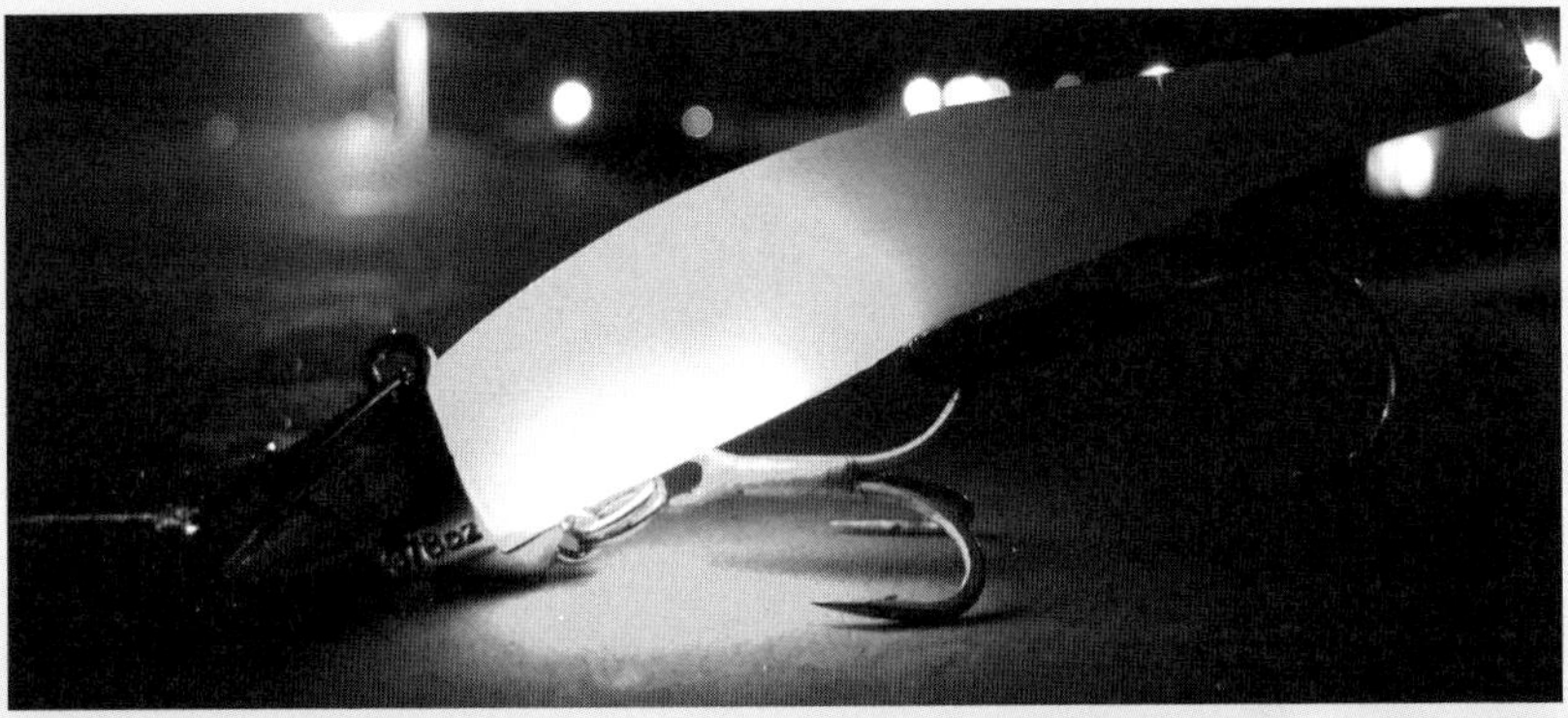

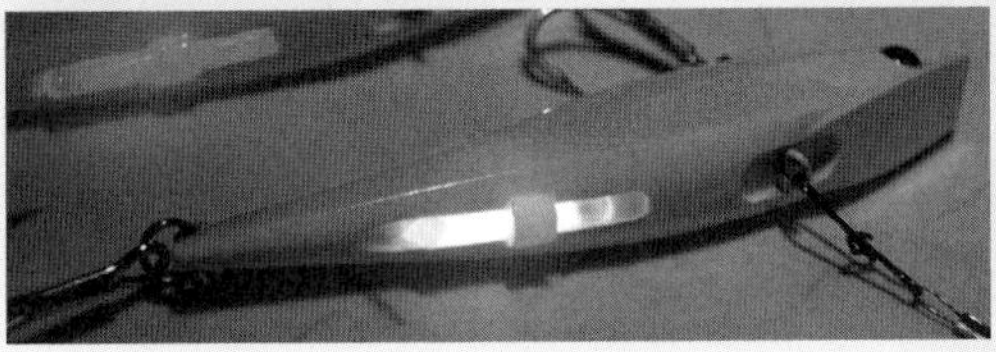

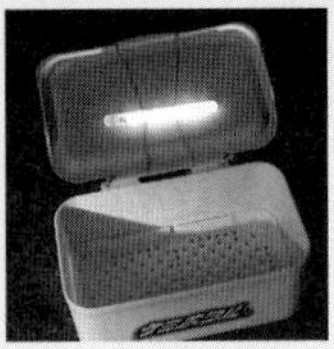

ルミカ『ケミホタル』はイエローとレッドの２色、『ケミホタル パワー太刀魚』にはオレンジを加えた３色、『ケミチューン ワインド』はグリーンとレッドの２色だが、『太刀魚＆いか』にはピンクとブルーケイムラプラスもあるので目的に応じて使い分けると面白い。集魚目的だけでなくエサ箱内の照明など使い方は工夫次第

■タチウオ釣りにはケミホタルなどの化学発光体が欠かせない。発光色による使い分けの目安は以下のとおり。
[グリーン（イエロー）] 安定したアピール力があり、ワインドなどルアーへのバイトを高める目的の場合は、それだけに見切られるのが早い。反応が減ってきたらピンクに替える。
[ピンク] ピンクを構成するのは赤色光と青色光。赤色はすぐに減衰するので遠方からは青色が強く見え、近づくにしたがい赤が濃く見える。食い渋り時に有効な意外性があるカラー。
[ブルー] 水中透過性が高い。海の発光生物には青色光が多いので違和感を与えないが、澄み潮のときは小型が釣れる傾向にある。タチウオがやや沖目にいるときや濁り潮の日に効果あり。
[レッド] 赤い光は海中で減衰しやすく遠くまで届かない。魚類には見えにくいが白色系ワームとの組み合わせで爆発的なヒットを生むことも。

エサ釣りのバリエーション

ワインドなどのルアーブームでファンの減少傾向にあったエサ釣りだが、ルアーにはない魅力が再認識され、エサ釣りに回帰する人が多くなった。さらに「ルアーもエサも釣れるなら」とジャンルへのこだわりは少なくなった。

引き釣りで使う生きたドジョウは季節限定だが、冷凍のキビナゴや切り身エサは年中手に入る。使い残しは塩をして再冷凍すれば次回も使用できる

●テンヤ引き釣り

オモリと大きなハリが一体になった「テンヤ」と呼ばれる釣り具に、エサのドジョウやキビナゴを針金などで巻き付け、これを投げて海中を引いてタチウオに食わせて掛ける釣りを「テンヤ引き釣り」もしくは単に「引き釣り」という。ルアーフィッシング風に下向きのフックが1本付いた大きめのジグヘッドに、ライブベイトをセットしたものといえば分かりやすいだろう。最大の特徴はマヅメ時に手返しよく釣れること。特にドジョウをエサにした場合は、1尾のドジョウで数尾から10尾以上もそのまま釣れるので能率的なのだ。

●ウキ釣り

時合にサオを振り続ける引き釣りやワインドにくらべ、のんびりした釣りである。しかし海面に浮かんだ電気ウキの灯がユラユラと海中にゆっくり消し込まれたときのドキドキ感がたまらない。特徴はルアーや引き釣りでアタリが少なくなったマヅメ以後（早朝の場合はマヅメ前）もコンスタントにアタリがあり、釣果が拾える点だ。

●その他の釣り

引き釣り、ウキ釣り以外にもエサ釣りの手法がある。現在では廃れてしまったが、淡路島ではウキ釣り仕掛けに軽めのテンヤを結んだ釣りが盛んだった。一方、ハリとエサ、ケミホタルもしくは水中ライトだけを付けた完全フカセ風の釣りも一部で注目されている。

●引き釣り

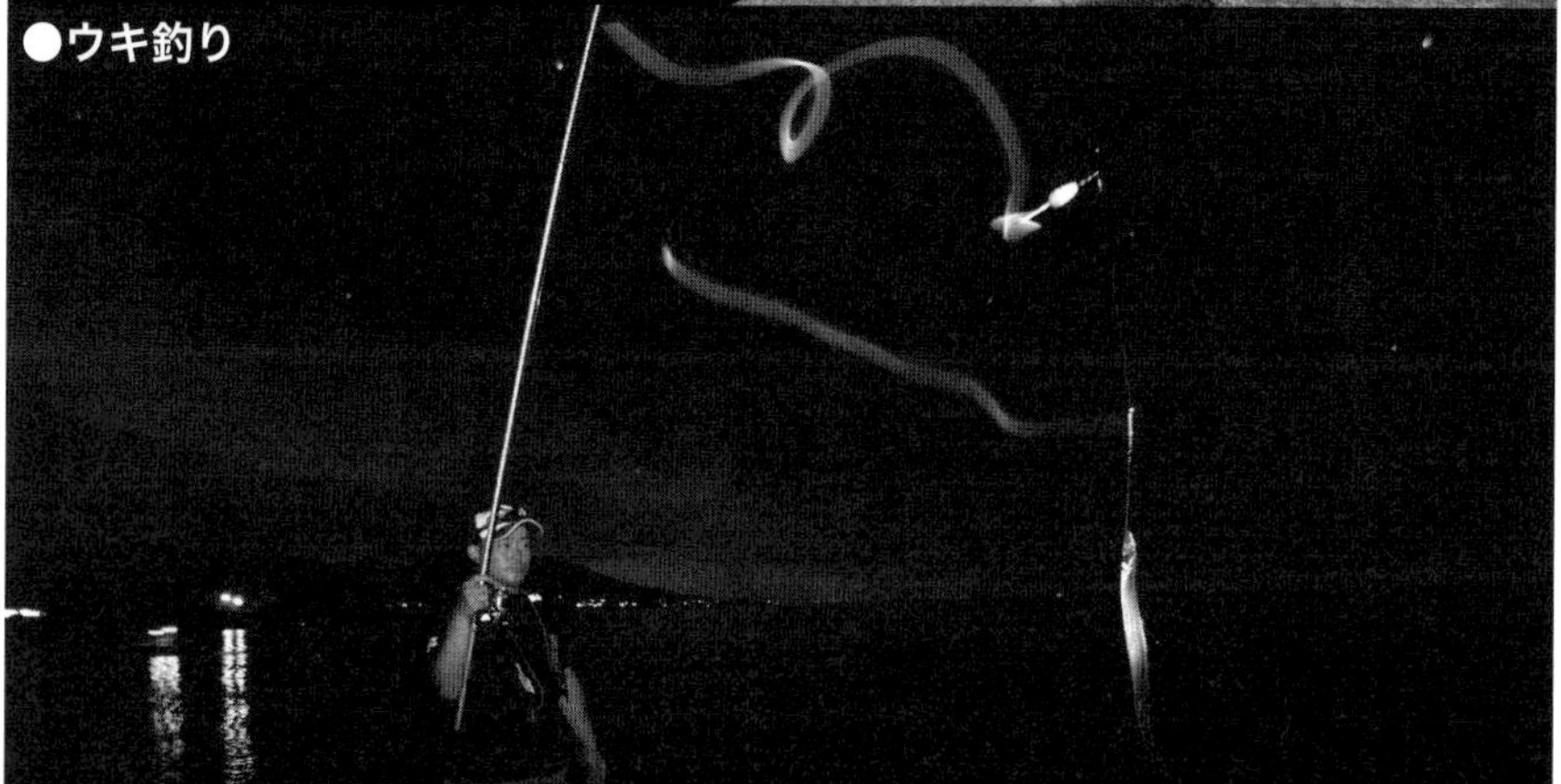

●ウキ釣り

テンヤ引き釣り

引き釣り最大の魅力は、アタリが直接サオから手にガツンと伝わる点。さらに釣れだせばテンヤを投げるたびにアタリが出て、短い時合にどんどん数が稼げることだ。タチウオは群れで回遊する魚なので、ポイントをどんどん変えていく必要もない。とにかく短時間勝負の釣りなので、あちらこちらと探り歩くよりも、1カ所に腰を落ち着けてキャストを繰り返すほうがよい。

以前の引き釣りといえばナマリむき出しの質素なテンヤに長い投げザオや太い磯ザオを使った無骨な釣りだったが近年はワインドに負けないほどの引き釣りブームである。とにかく時合はワインド以上に数が釣れるのが魅力とファンが急増。若いルアーアングラーにもルアーとテンヤを併用、もしくは引き釣りに移行する傾向もみられるようになった。ルアータックルをそのまま引き釣りに使えることも影響しているだろう。

現在の引き釣りはブームとともにテンヤそのものが機能的に改良され進化し、見た目もずいぶんスタイリッシュにもなった。エサだけではなくワームのセットまで意識したテンヤが増えているのも、タチウオ釣りに関してはエサとルアーの垣根が低くなった証拠だろう。

引き釣りが特に威力を発揮する時間帯は、はっきりいって朝夕マヅメ時である。夜明け日没のトワイライトタイムをメインに前後1～2時間というところ。ただし条件さえよければ明るめの時間帯でも釣れるし、深夜までアタリが続くことがあるので一概にはいえないが、「引き釣りはマヅメ時」というのがセオリーだ。実際、マヅメ時を挟んで2～3時間しかサオをださないという人も多いのだ。

エサに使用するのは古くから全長10㎝ほどのドジョウだった。メインは生で大阪湾岸の釣り場に近い釣具店やエサ店では、タチウオシーズンの夏から秋には常備していることが多い。食いのよさは生のドジョウにかなわないが、冷凍ものならシーズンを外れても手に入る。また、近年は冷凍キビナゴを使う人も多くなった。ドジョウにくらべエサ持ちは悪く、タチウオを1尾釣るとボロボロになり、その都度交換しなければならないが、いつでも簡単に手に入り安価なので常用する人も多い。

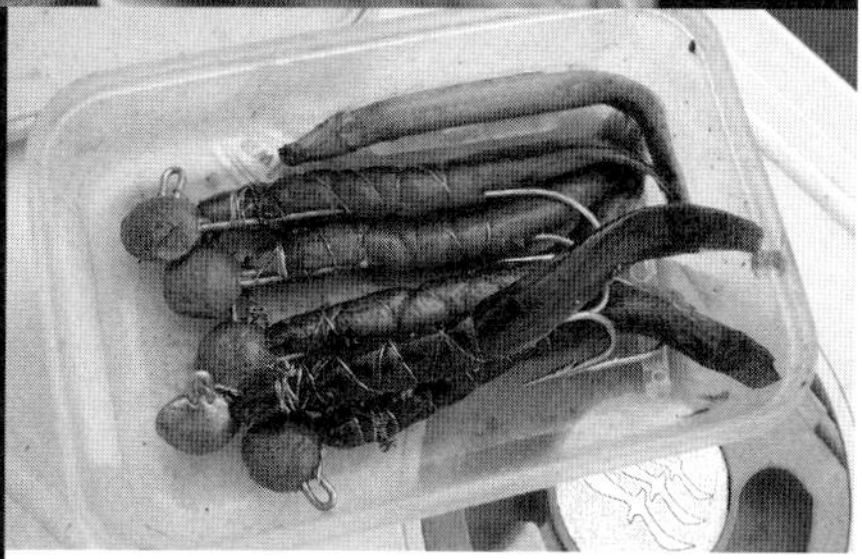

昔ながらのテンヤを愛用している年配の人も多いが、近年はグローカラーのヘッドや貫通力抜群のハリを搭載したものなどテンヤも進化している。とにかく時合に手返し勝負の釣りなので、あらかじめテンヤにエサを巻いたものを何組も準備しておくのもセオリー。そのまま冷凍して再使用する場合も多い

引き釣り用のテンヤとは？

以前、引き釣り用のテンヤはS、M、Lというサイズ表記のものが多かったが、現在はグラム表記されたものが多くなった。実際に使用するサイズは軽いもので8g、重いもので23gほどで、ワインドなどで使用するジグヘッドと大差ない。大きく違うのはフックシステム。ワインド系のジグヘッドはトレブルフックとアシストフックを併用するのに対し、テンヤは下向きの大きいシングルフックのみというのが一般的。ただ近年はテンヤにも専用のアシストフックを併用するパターンも増えつつある。

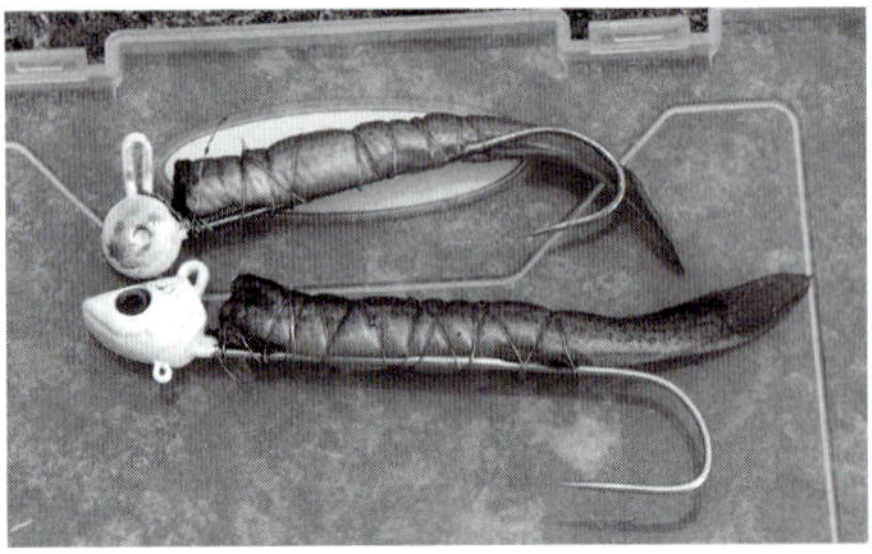

ナマリのヘッドの後に下向きの大きなハリ、ヘッド上にラインを結ぶアイ。どんどん改良進化する引き釣り用のテンヤだが、この基本的な構造は変わりない。漁具として完成された形なのである

ヘッドカラーに関しては、以前のナマリむき出しのものからUVライト照射で蓄光するグローカラー系を中心に、ケイムラなどカラフルなものが増えているが、エサを使う釣りだけに、ルアーフィッシングほど気にしている人は多くないと思う。ヘッド形状も以前の丸形に対し、現在は小魚のシルエットを模したものがほとんどだ。

エサをセットする方法は以前からステン線や銅線など針金を巻き付けるものが主流だが、キビナゴがワンタッチで着脱可能なシマノ『太刀魚ゲッター』の登場で引き釣りシーンが大きく変わった。他社からはドジョウ用のワンタッチテンヤもデビューするようだ。

機能的には、ジグヘッドよろしくチャター付きのテンヤもポピュラーになった。引き釣りといえばテンヤを引くタナのキープが難しかったが、チャター装着により、ただリールを巻くだけでレンジキープが容易になり、さらにチャター板の振動がテンヤ全体に伝わることでタチウオに強くアピールできるため入門者でも扱いやすい。またヘッド下やフック軸の後ろにあるアイにブレードなどをセットして、アピール力をアップさせたもの（釣り人自身でチューニングも可能）も多く市販されている。

●ダイワ　快適波止タチウオテンヤSS

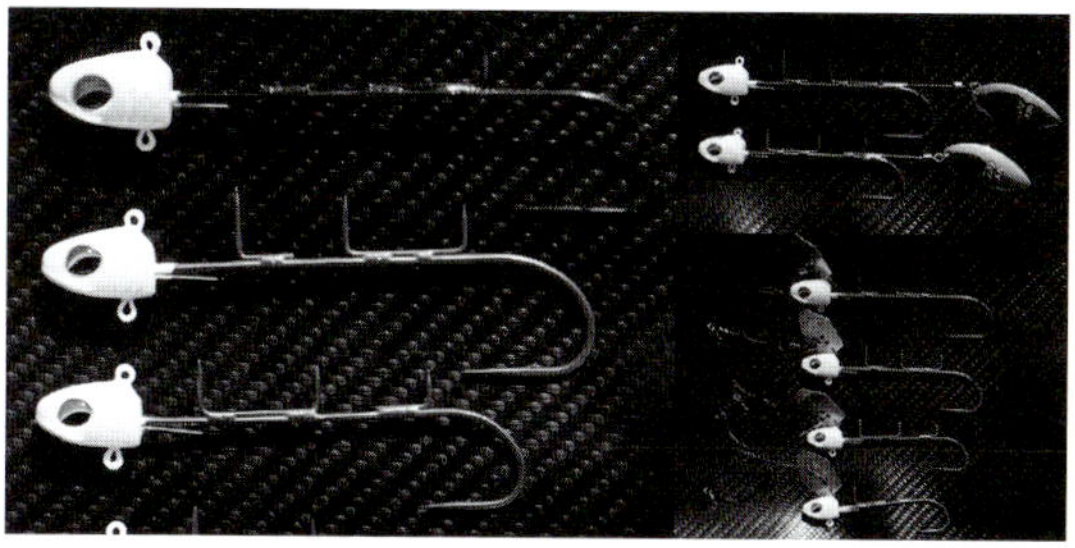

ノーマル、チャター、ブレード、スピナーがあり貫通力抜群のサクサスフック採用。ヘッドカラーは夜光、ケイムラ金赤、紫ゼブラ。プラスシンカーシステム採用でヘッドウエイトの微調整可能。ノーマルはSSSS～Lまで6ウエイトでSSにはロングフック、Sにはロングとショートフックタイプもある

●シマノ　太刀魚ゲッター時短テンヤ

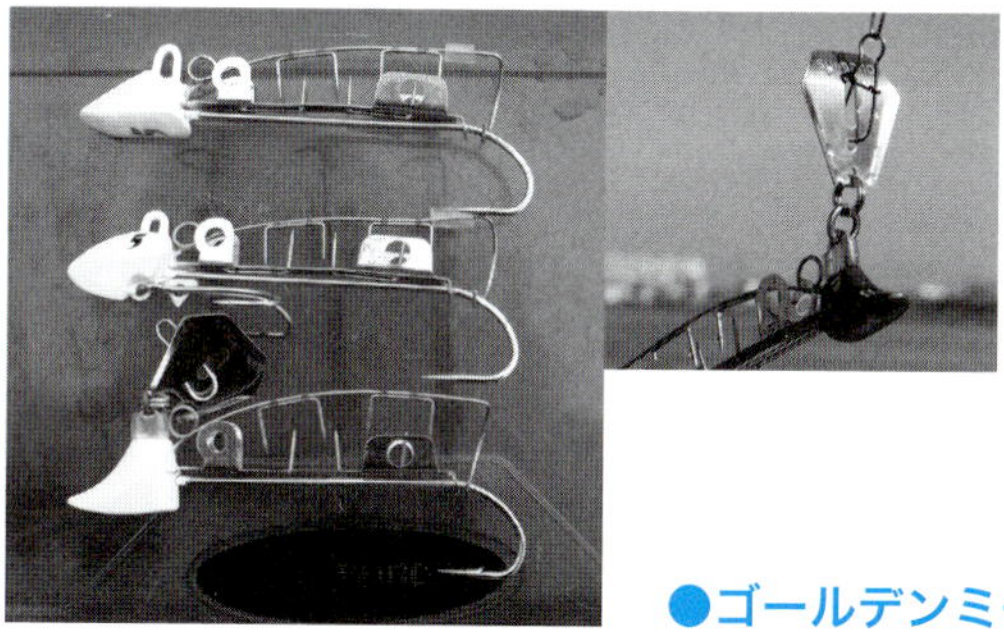

キビナゴをワンタッチで装着できるテンヤ。ノーマル（2～8号6サイズ）に加え、時合以外にも強いチャター付きの同『びりびり』（3、4、5号）、小型が多い初期に最適なヘッド下部にダブルフック付き同『ツイン噛む』（3～6号4サイズ）がある

●オーナーばり　ハリが凄い太刀魚オモリ

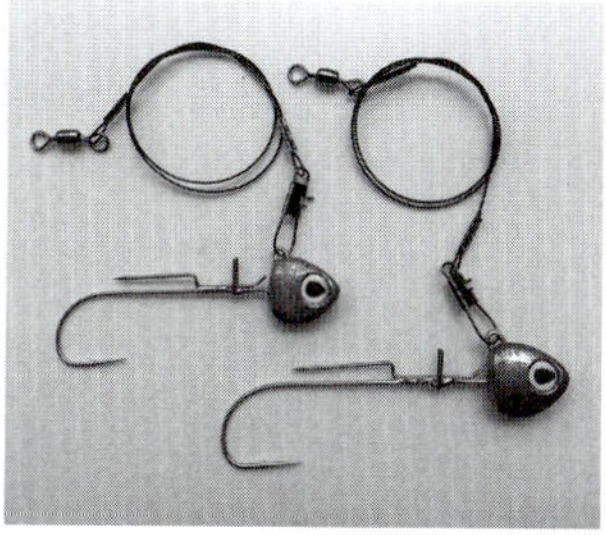

「スライド式エサ止め」でエサの真ん中をねらって噛み付くタチウオの習性に対応。5～15gの4サイズ。ヘッドカラーはシンプルな無塗装

●ゴールデンミーン　GMショアテンヤタイプ-T

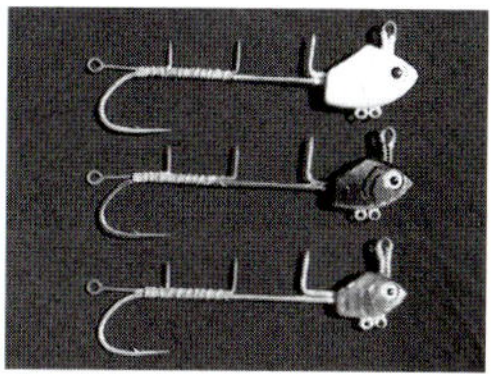

投げて巻くだけでエサ、ワーム両方に使えるテンヤ。10、14、24gの3サイズで夜光、ブルー、パープルの3色。フック後部にブレードやフラッシャーでチューンできるアイ付き

●ハヤブサ　一刀両断 堤防太刀魚テンヤ ブレードチューン

5、6、10号の3サイズ。チャートイエロー＆夜光、ケイムラパープル＆夜光の2色。ヘッド下部後方にある「きらめきブレード」でタチウオの食い気を誘う

テンヤ引き釣りのタックル

　30年ほど前の引き釣りのタックルは、おおむね投げザオもしくは遠投仕様の磯ザオだったと記憶している。リールも大型でラインもナイロン。決して軽快なルアータックルではなかった。それが現在では、そんなタックルはごく少数派。シーバスロッドやエギングロッドは当たり前、引き釣り専用ロッドも市販されるようになった。長さでいうと8〜9ft台が扱いやすい。それ以上長いものは遠投性という意味ではよいのだが、投げ続けるうちにとにかく疲れてしまう。8〜23gのテンヤを直線的に引く釣りなので、ベロンベロンとティップからバットにかけて軟らかすぎるロッドは不向きだ。

パッと見ただけではルアーフィッシングと何ら変わりない引き釣り。タックルもほぼ同じなので状況に応じてテンヤ、ルアーを付け替えるだけが現在のスタイル

　ルアーロッドでいうと硬めのエギングロッドやシーバスロッドなど、レギュラーテーパーで若干胴に乗る程度の調子がよいだろう。リールもロッドに合わせてスピニングの3000〜4000番と中型でOK。要はほとんどルアータックルそのままなのだ。ラインの先に結ぶのがテンヤかルアーかという違いでしかない。

　ラインもPE0・8〜1号が標準だ。これにフロロリーダー3号を1ヒロほど接続し、テンヤ付属のワイヤリーダーを結ぶだけ。PEとフロロの接続方法はFGノットなどルアーフィッシングと同じでかまわないが、簡単な電車結びでもOK。特に現場で切れてしまった場合、短時間の時合の釣りなので素早く結び直せることも大切なのだ。

　引き釣りにもケミホタルなどの発光体は欠かせない。以前はワイヤリーダーに大きめのもの（ケミホタルなら50サイズ）をセットすることが多かったが、現在はテンヤ自体に小型（ケミホタルなら25サイズ）をセットする（できる）スタイルが主流になりつつある。

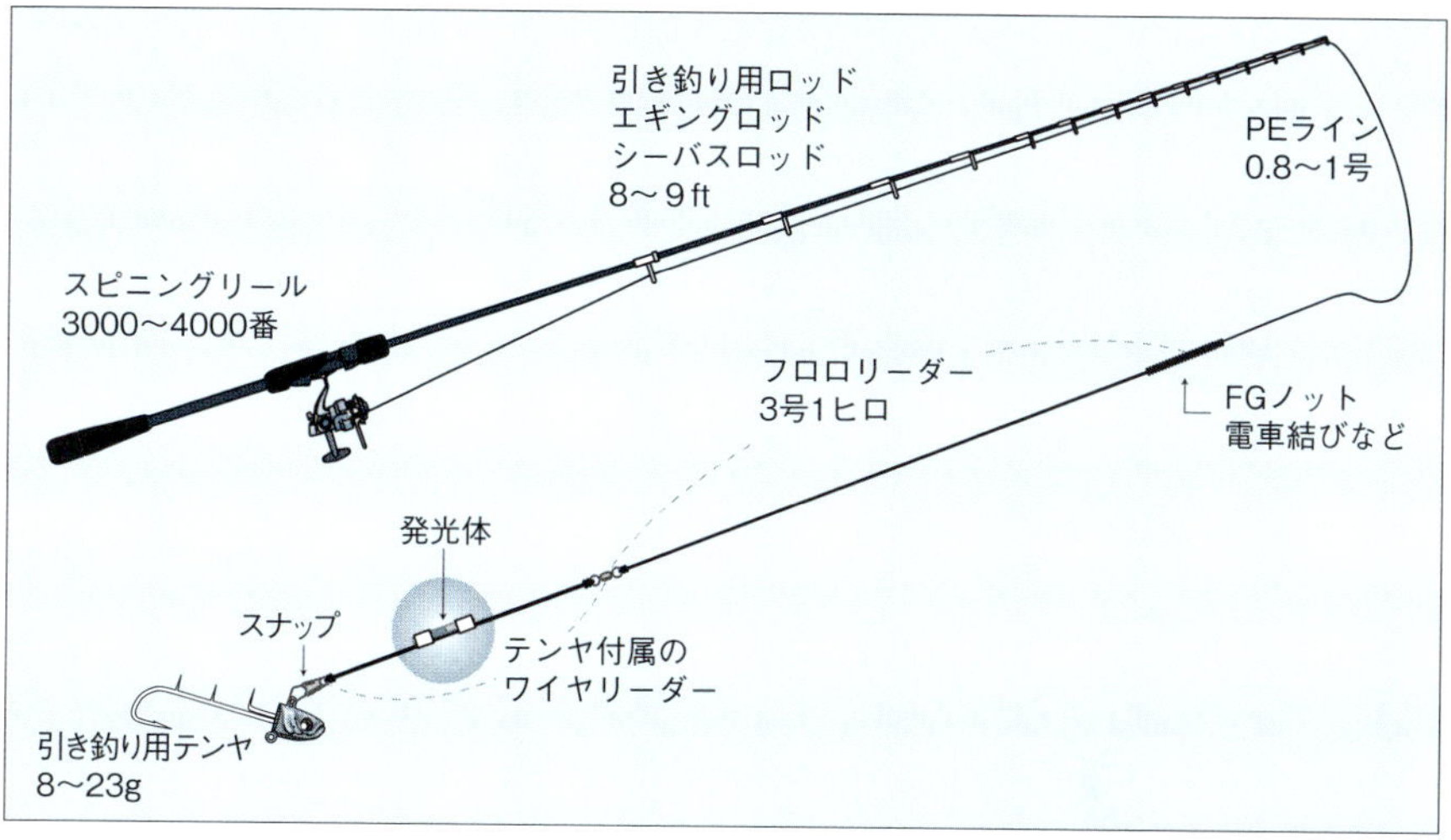

投げて巻いてを繰り返す引き釣りではエギングロッドやシーバスロッドを使う人が多くなった。現在ではテンヤ専用のロッドも市販されている。タダ巻きの場合はそうでもないが、テンヤを直線的かつクイックリーに引くためには、ロッドが軟らかすぎるとテンヤにアクションが伝わりにくい

エサのセット方法①ノーマルテンヤの場合

最も多くの引き釣り用テンヤに採用されているのが、昔から変わらない細いステン線、銅線など針金でエサを巻き付けるスタイルである。エサはドジョウでもキビナゴでも同じだがキビナゴならできるだけ大粒のものを選ぶ。

クネクネ元気に動く生きたドジョウはそのままだとセットしにくいので、地面に叩き付け気絶させてからというのがドジョウ使いのお約束。泳がせ釣りのように生きエサに尾を振ってもらう必要はなく、生の弾力的な筋肉質が求められるだけだ。その点、冷凍したドジョウは尾の弾力性が生には劣る。生のキビナゴなら塩で締めておく。

エサの頭をテンヤヘッドの後ろにピタリと付け、ハリ軸から上向きに出ているケンにエサを刺す。テンヤのハリの上にエサを乗せる感じだ。エサの頭を軽く押さえながら付属の針金を巻き付けていく。エサのエラあたりの硬い部分には多めに巻き付け、ボディー部分は粗く巻く。注意点としては、エサの尾が水流を受けてユラユラ動くように、巻きすぎないこと。尾の手前まで巻いたら再び前方に向かって巻き返し、アイかハリ軸に針金を何回か巻き付けて固定。余った針金の端は上向きに出しておく。あまりにも針金が長い場合はカットするか、あらかじめテンヤヘッドのすぐ後ろのハリ軸に巻き付けて長さを調整しておくと便利だ。こうしておけば針金が傷んで短くなってしまった場合に巻き戻すことで、針金付け替えの手間もない。

エサの大きさはハリのフトコロ後端から尾ビレ部分が多少出る程度。フックサイズにもよるがドジョウでも大きすぎる場合は頭をカットする。

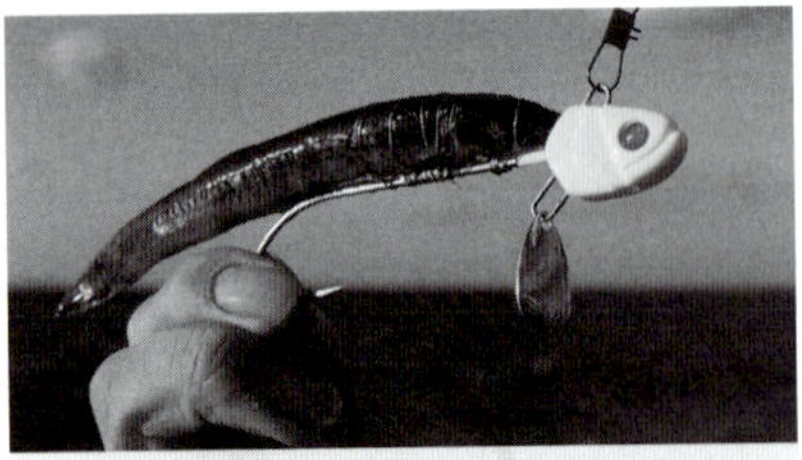

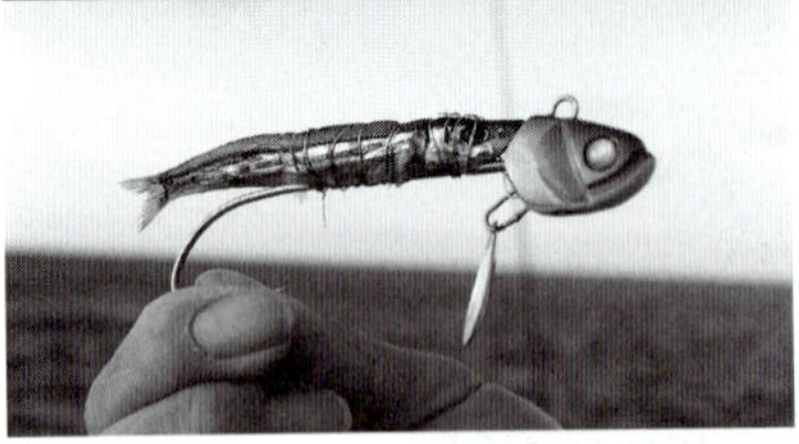

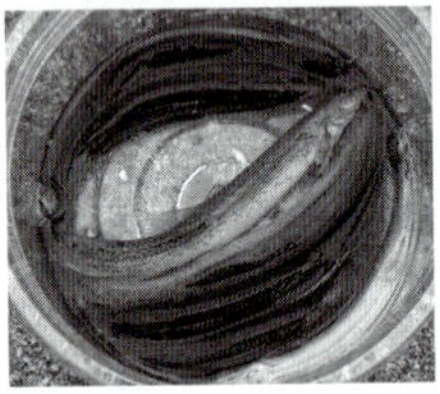

セットするエサはドジョウもしくは冷凍キビナゴ。一番上のドジョウは大きすぎでハリの後端から尾が出すぎている。よくない例だ

●ノーマルテンヤのエサの巻き方

生きたドジョウは地面に叩き付けて気絶させる

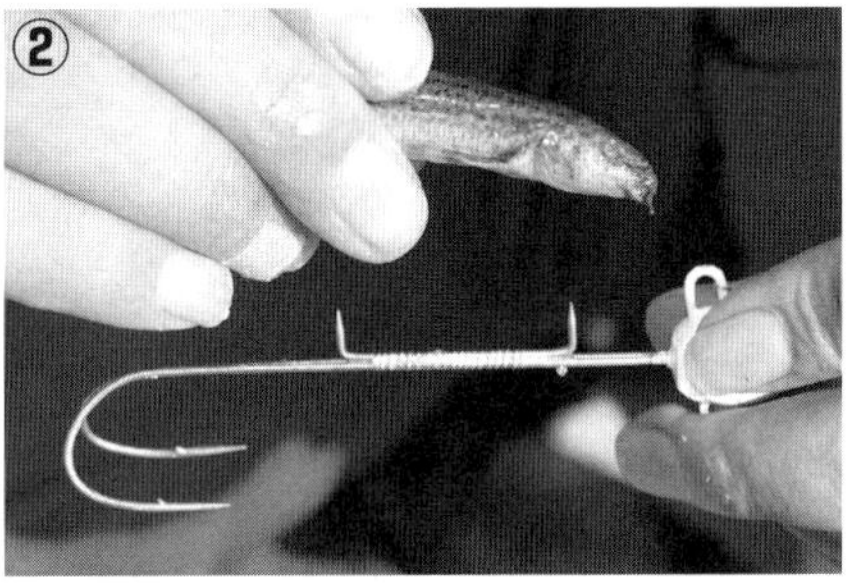

ドジョウの腹側を下向きにする

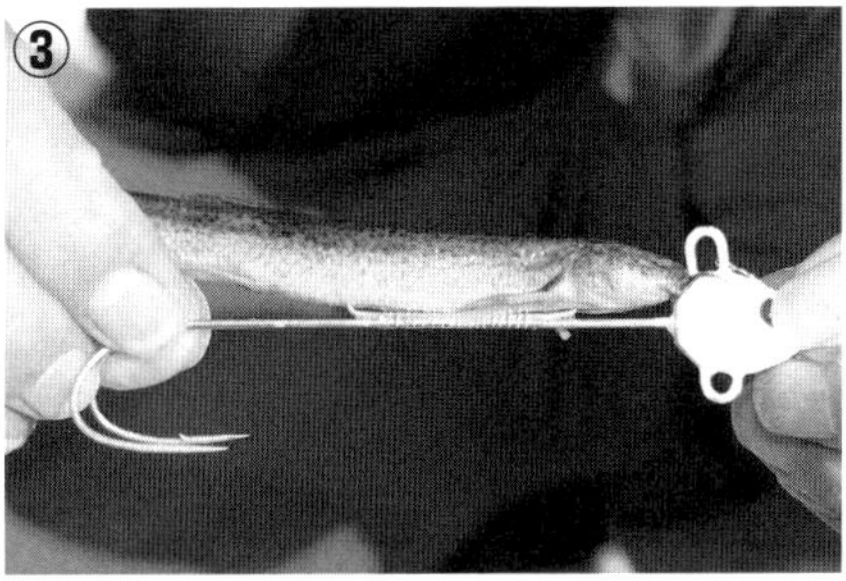

頭をオモリに付け、ケンに腹を刺し軸に沿わせる

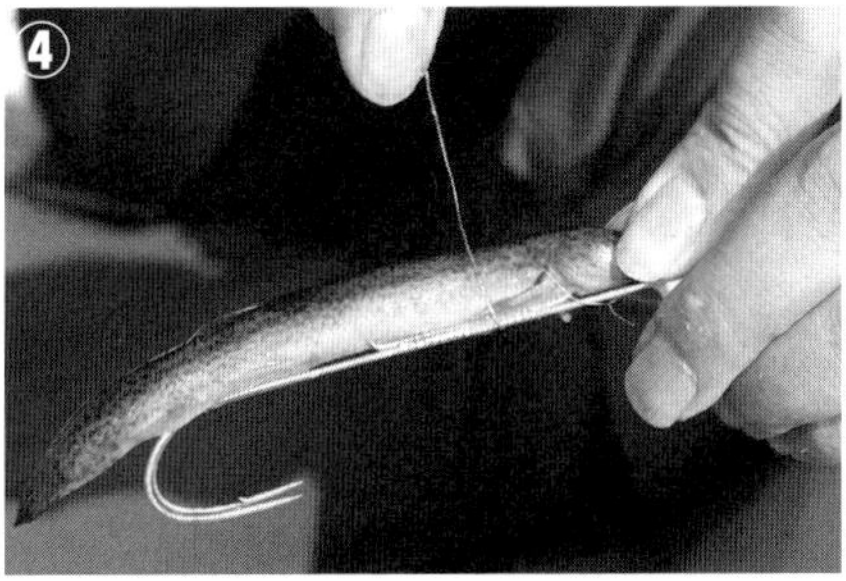

針金で頭から尾に向かってしっかり巻いていく

尻ビレのあたりまで巻いたら前へ巻き返す

余った針金はアイやハリ軸に巻いて固定

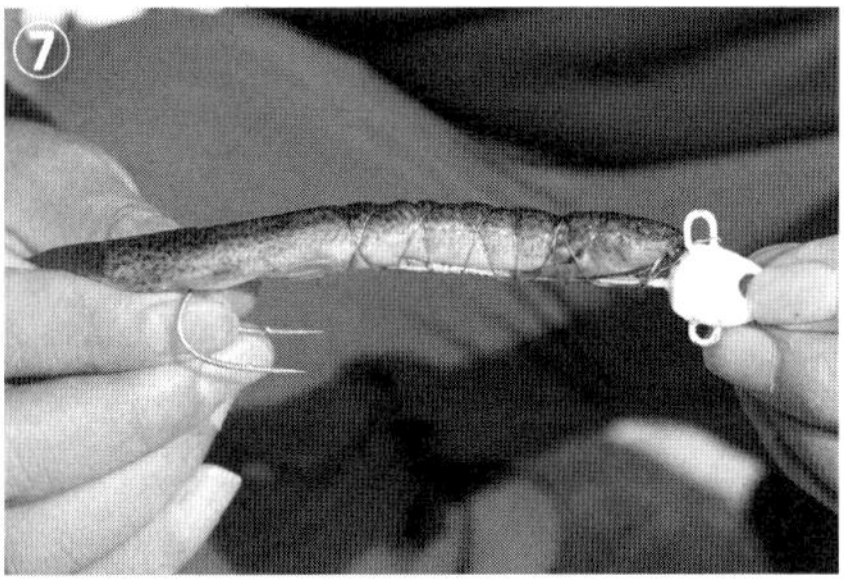

これで完成。尾がハリ後端から少し出る程度が理想。あまりにも長いとタチウオがハリに掛かりにくい。釣っていて尾ビレがなくなったら即交換

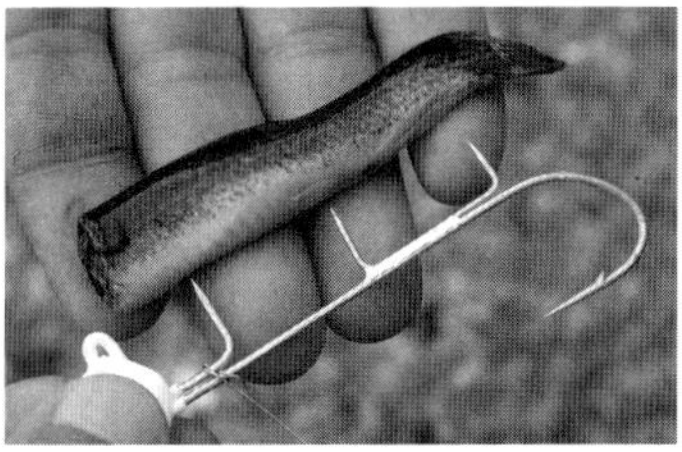
ドジョウとテンヤのサイズが合わない場合はドジョウの頭をカットすることも

エサのセット方法②太刀魚ゲッターの場合

引き釣りテンヤにセットするエサは昔からドジョウが定番だったが、キビナゴにくらべ割高で手に入りにくいこともあり、テンヤにキビナゴをセットする人も徐々に多くなっていた。ただドジョウよりもエサ持ちは格段に悪く、タチウオを1尾釣るごとならまだよいほうで、ミスバイト

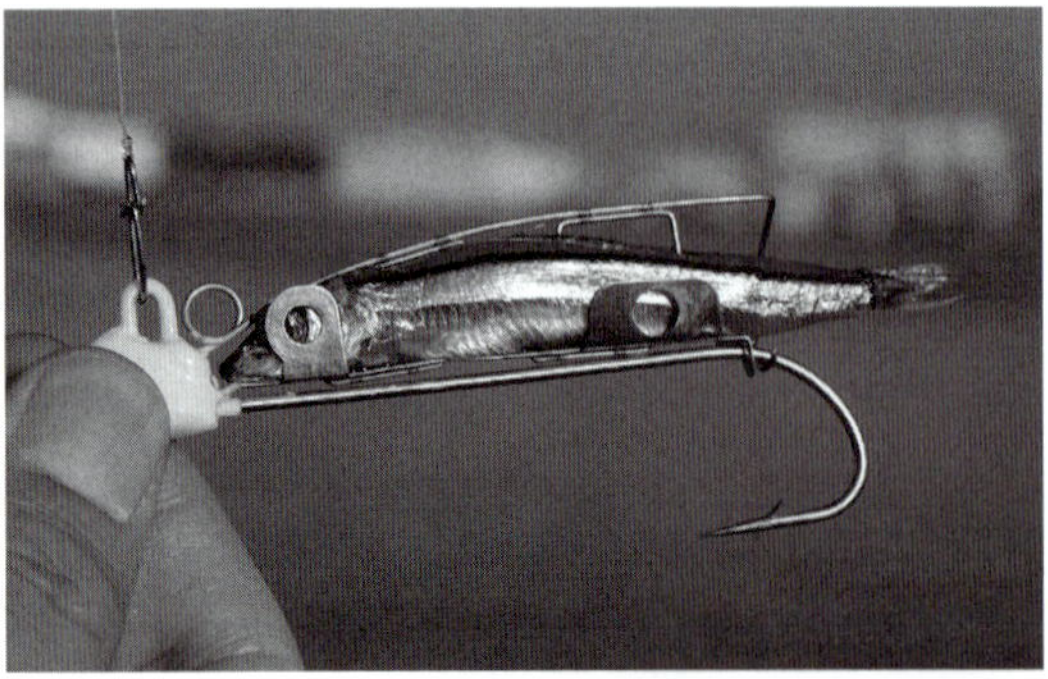

『太刀魚ゲッター時短テンヤ』に使用するエサはキビナゴ限定。キビナゴはウキ釣りで使用するような小粒のものは避けること

で尻尾がかじられたり、身が崩れたりするたびに巻き直すのが非常に手間だったのだ。

そんな釣り人の悩みに応えるかたちで登場したのがシマノの『太刀魚ゲッター時短テンヤ』だった。とにかく慣れれば数秒でセット完了という手軽さが受け、あっという間に引き釣りテンヤの一翼を担うようになった。開いたアームに付いた固定ピンをキビナゴの背中に刺し、目玉をフェイスガードの穴に合わせるようにアームを閉じるだけなのだから、いちいち針金を巻き付ける作業に比べるとはるかに能率的なのだ。

ただアームがエサのキビナゴの上に被さっているスタイルなので、デビュー当初はこれにタチウオが食いつくのか疑問だったが、そんな心配は無用。従来のテンヤと変わらず釣果が上がった。

アタリがない場合でのエサ交換の目安は、セットしたキビナゴの背中が裂けてきたり尻尾だけをかじられたり、腹部分が崩れてきたとき。つまり針金で巻く場合と同じだが、それが苦にならないのが『太刀魚ゲッター』だ。

●太刀魚ゲッターのエサセッティング

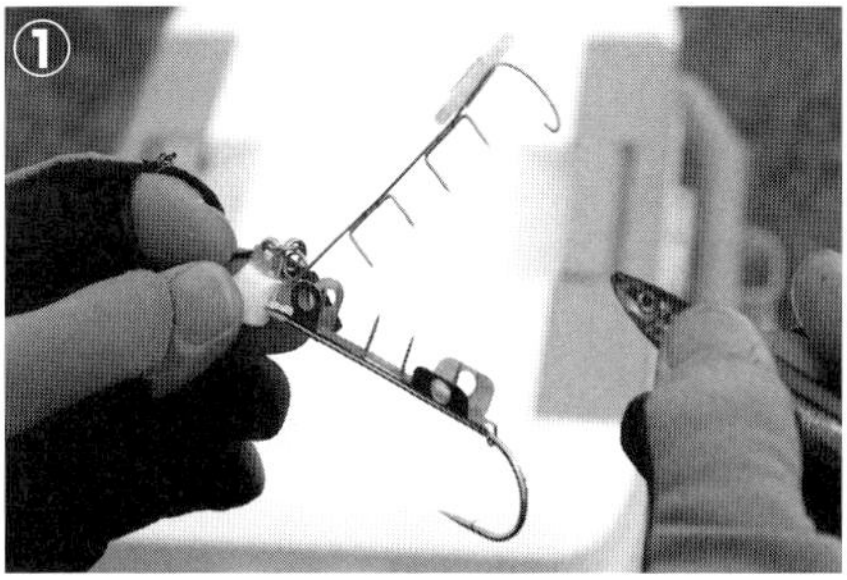

アーム部を開きスタンバイ

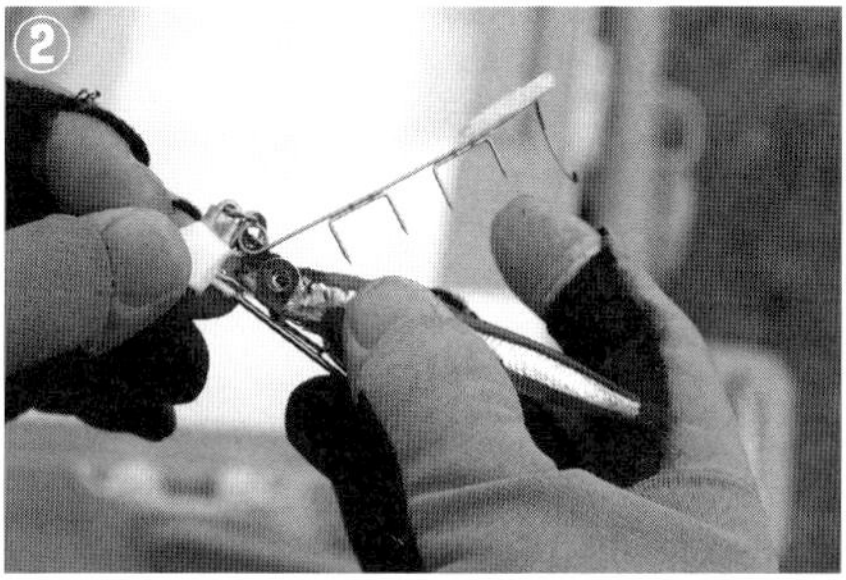

フェイスガードの穴に目を合わせる

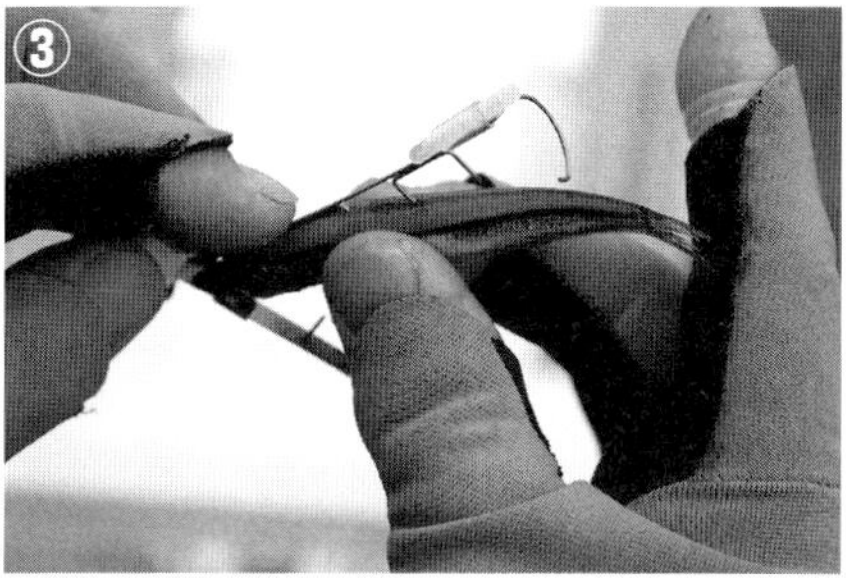

背中の黒い線に沿わせてアーム固定ピンを刺す

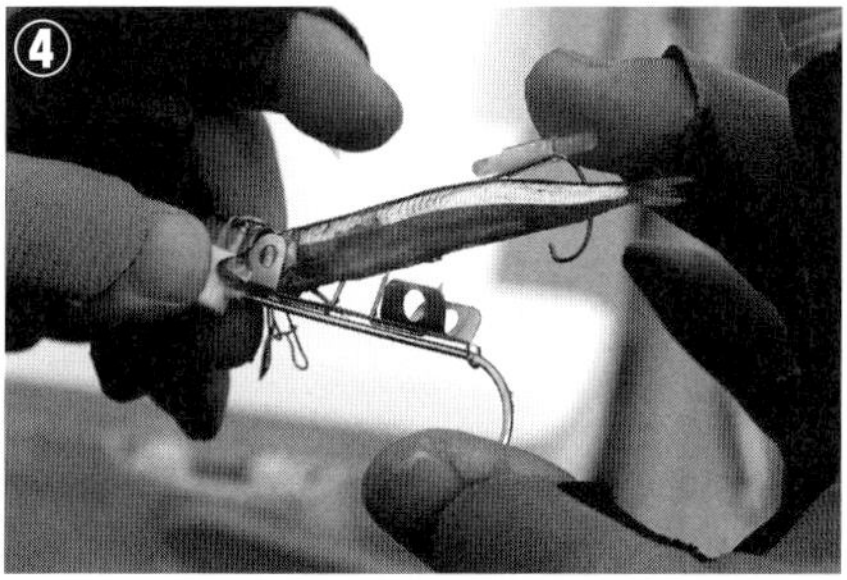

アームとハリ軸で挟み込むようにする

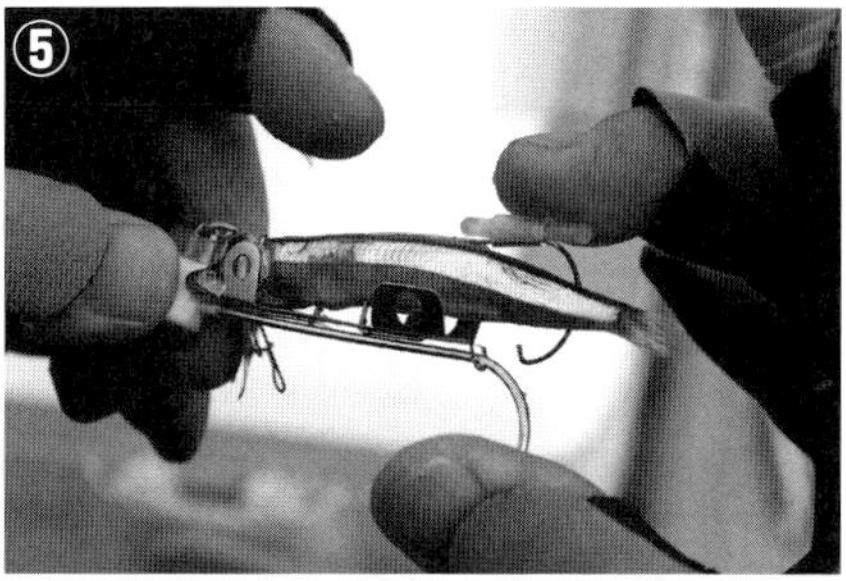

ハリ軸側の固定ピンをキビナゴの腹に刺す

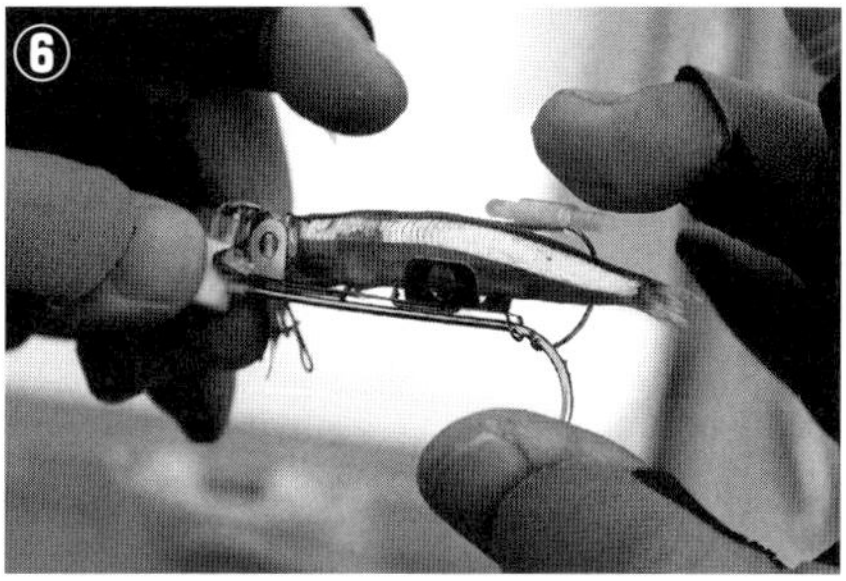

アームストッパーをハリ軸に掛ける

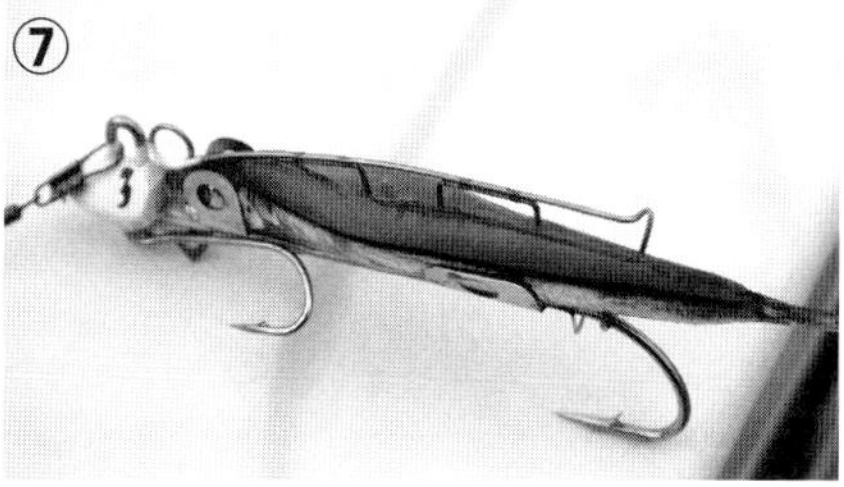

完成。慣れれば数秒でキビナゴがセットできる

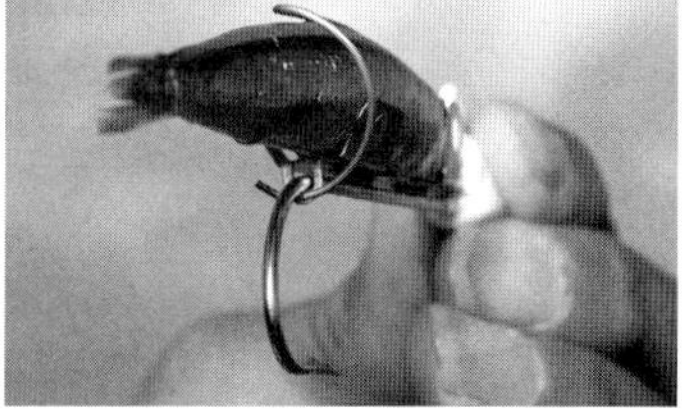

キビナゴのボディー後半部がフリーになり水流を受けて尾を振るのも『太刀魚ゲッター』の特徴

引き釣りの実際。基本的なねらい方

昔ながらの引き釣りはサオを横にしてのスローなタダ巻き、もしくは段引きだった。釣り始めやヒットレンジが分からない場合は、キャスト後、底を取ってスタート。これにリフト&フォールなどを今風に組み合わせてもよい。その後アタリが出だしたら、そのレンジを中心にテンヤを引くだけ。タチウオが高活性なら海面下1mという非常に浅いレンジでもよく釣れる。

最新ワーミング「フラップ釣法」の手本にもなった大阪湾奥にある沖堤「武庫川一文字」の常連さんの釣り方を紹介すると、硬めのエギングロッドを使用し、リーリングはせず10～30cm幅のショートでクイッククリーなサオ引きで、リーダーの真ん中に付けたケミホタルが海面に見え隠れするほどの浅いレンジを釣る。時合に突入すればテンヤ着水と同時にリールのベールを戻すほどだ。この常連さんたちが普段、釣りを開始するのは日没間際の時合からだが、もしまだ明るい時間帯から釣る場合は多少深めのレンジからスタートしなければならない。いずれにしてもキャスト後、フォール中に下げていたサオ先をクッ、クッ、クーと小刻みに頭上まで引き、サオを戻しつつリールを巻いてイトフケを取る。これで常にラインを張ったままの状態がキープできるので常時、小アタリを見逃すこともない。昔ながらの引き釣りのようにサオで大きく横引きするとサオを戻すときにできるイトフケが大きくなり、小アタリを感知しづらいのだ。また小刻みで素早い動きこそが、タチウオの食いをより誘発するキモになっているようだ。

近年、増えてきたチャター付きのテンヤの場合は、投げて沈めてゆっくりリールを巻くだけで釣れるので、初心者でも釣りやすい。

引き釣りのアタリは明確。テンヤを引いていると手元にガツンと衝撃が伝わったり根掛かりしたような重みがサオに乗る。すかさずアワセを入れよう

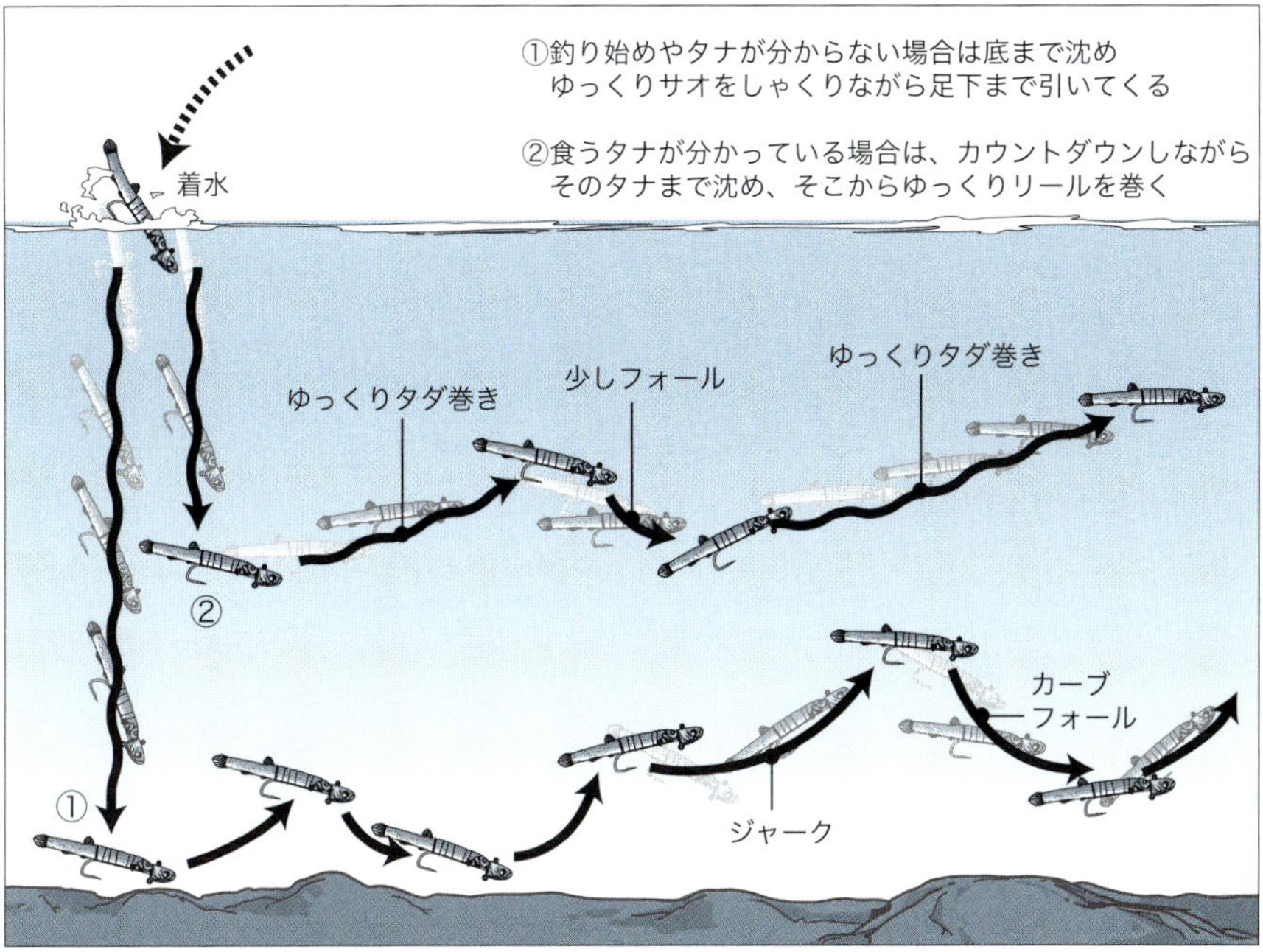
①釣り始めやタナが分からない場合は底まで沈め
ゆっくりサオをしゃくりながら足下まで引いてくる
②食うタナが分かっている場合は、カウントダウンしながら
そのタナまで沈め、そこからゆっくりリールを巻く
着水
ゆっくりタダ巻き
少しフォール
ゆっくりタダ巻き
②
カーブ
フォール
①
ジャーク

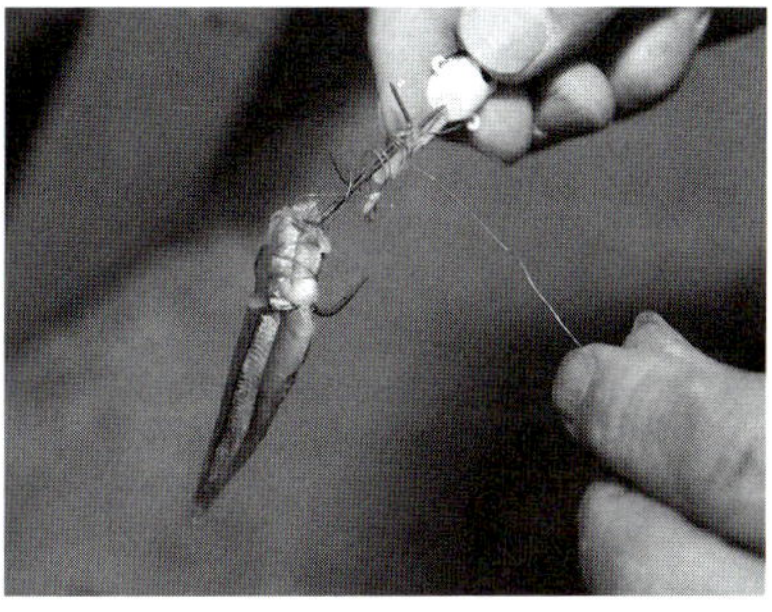

エサのドジョウやキビナゴがボロボロになったり尻尾がかじられたら即交換。掛けたタチウオを足下まで引き寄せたら有無をいわさず一気に抜き上げる。モタモタしているとハリ外れするリスクが高くなるのだ

ウキ釣り

ワインドに代表されるルアーフィッシングや引き釣りほど時合に集中してバタバタ効率よく釣れることはないウキ釣りだが、暗い海面に浮かんだ赤い灯、黄色い灯、白い灯が海面下に、にじむように吸い込まれるアタリには風情がある。また、使用するタックルによってはタチウオの引きがどの釣りよりも存分に味わえる。

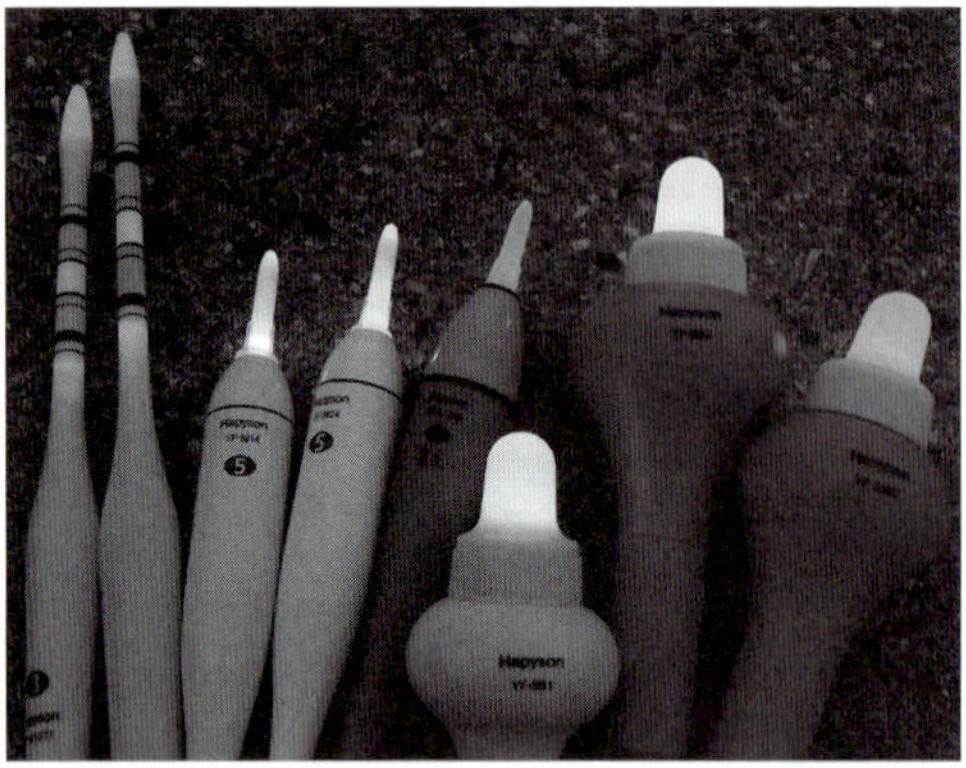

タチウオ釣りで使用するのは電気ウキ。いろいろなタイプがあり「今夜はどのウキを使おうか？」と思案するのも実に楽しい

のんびりした釣りである一方、時合が長続きするのが特徴だ。夕方を例にとると、ルアーや引き釣りは日没前後だけの短時間が勝負で、その後は徐々にアタリが途絶えがちになるのだが、ウキ釣りは食いが長続きし、ぽつぽつだが深夜までコンスタントに釣れ続けることがある。逆に夜明け前は早い時間帯から釣れ始めるが、夜が明けてしまうと途端に釣れなくなる。というのも周囲が明るくなるにつれタチウオが沖の深い場所に移動してしまうからだ。ルアー、特にメタルジグなどにくらべ、仕掛けを流せる範囲が限られ、探れるタナも浅いウキ釣りは、夜明け後はまず釣りにならない。

ウキ釣りの面白さは、まず磯ザオなど軟らかいロッドを使うためタチウオの引き味にある。一方でアタリからアワセを入れるタイミングには大いに悩む。ここがウキ釣りの難しさであり、奥が深く非常に面白い点だ。高活性時はよそ見をしている間にもエサに食い付き、向こうアワセで釣れてしまうタチウオだが、気むずかしいときは本当にアワセが決まらない。ウキが見えなくなるほど深くまで沈み「もういいだろう！」とアワセを入れても、なぜか空振りの連続ということが結構あるのだ。のんびりした釣りではあるのだが、釣り人を熱くさせる要素も充分に備えている。

夜景に照らされた海面にとけこむように浮かぶ電気ウキの赤い灯、黄色い灯、白い灯。アタリがあってもなかなかハリに掛かってくれない夜もある。ゆっくりのんびり気むずかし屋のタチウオと向かい合う……

タチウオ釣りに使用するウキ

マヅメ時や夜間をメインにタチウオ釣りで使用するウキは、電気ウキもしくは発光体がセットできるケミウキと呼ばれているものだ。いずれを選ぶかは個人的な使い勝手のよさと好みなので、ここでは電気ウキを例に解説を進める。もっともポピュラーで使用している人が多いのがオモリ負荷1～3号の環付き式の棒ウキタイプだろう。サイズは全長20～30㎝のものが人気。発光するトップ部分が海面から突き出すため夜間の視認性もよい。

磯釣りよろしく中通しタイプの電気ウキを使う人もいる。ミチイトがウキ内部を通るため、環付き式のようにウキとミチイトに絡むことがないので夜間はありがたい。使用する電池は小型のリチウム2本であることが多い。一方で昔ながらの乾電池式のウキを愛用する人もいる。とにかく重量があるため遠投性は抜群。以前は豆球だったが最新のものはLEDで発光部も強力、はるか遠方まで仕掛けを流してもよく見える。

次におさえておきたいのは、ウキが自立式か非自立式かということ。自立式というのは本体下部にオモリが内蔵されており、ウキだけで海面に浮かべてもトップを上に自立する。逆に非自立式は本体にオモリはなく、そのままだと海面にベタッと寝てしまう。ウキより下の仕掛けに浮力に合ったオモリを使うことで、ウキを立たせる仕組みだ。自立式の特徴は軽い仕掛けを使ってもウキ本体の重みで遠投ができる点。逆にいえばフカセ釣りのような軽い仕掛けが使えることだ。一方、非自立式の特徴は仕掛けに重いオモリを使うので、深いタナまで仕掛けを早く落とせることだ。これを念頭に自分の釣りに合ったウキを形式、シェイプ、大きさ、オモリ負荷、発光色などから選ぼう。

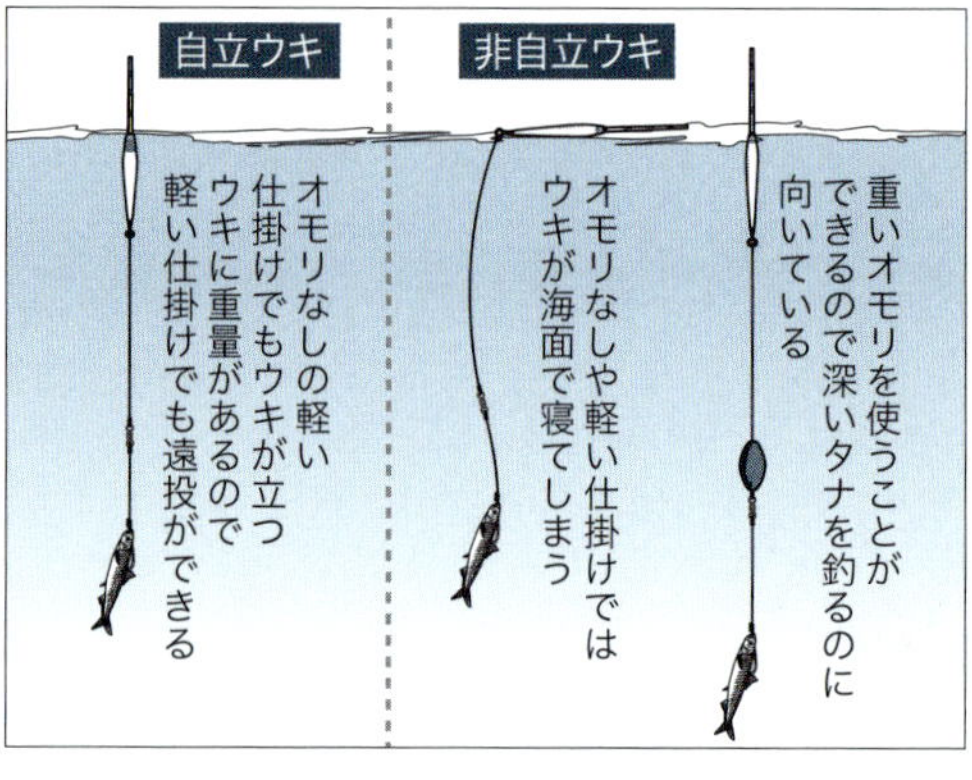
自立ウキ
非自立ウキ
オモリなしの軽い仕掛けでもウキが立つ
ウキに重量があるので軽い仕掛けでも遠投ができる
オモリなしや軽い仕掛けではウキが海面で寝てしまう
重いオモリを使うことができるので深いタナを釣るのに向いている

●ハピソン

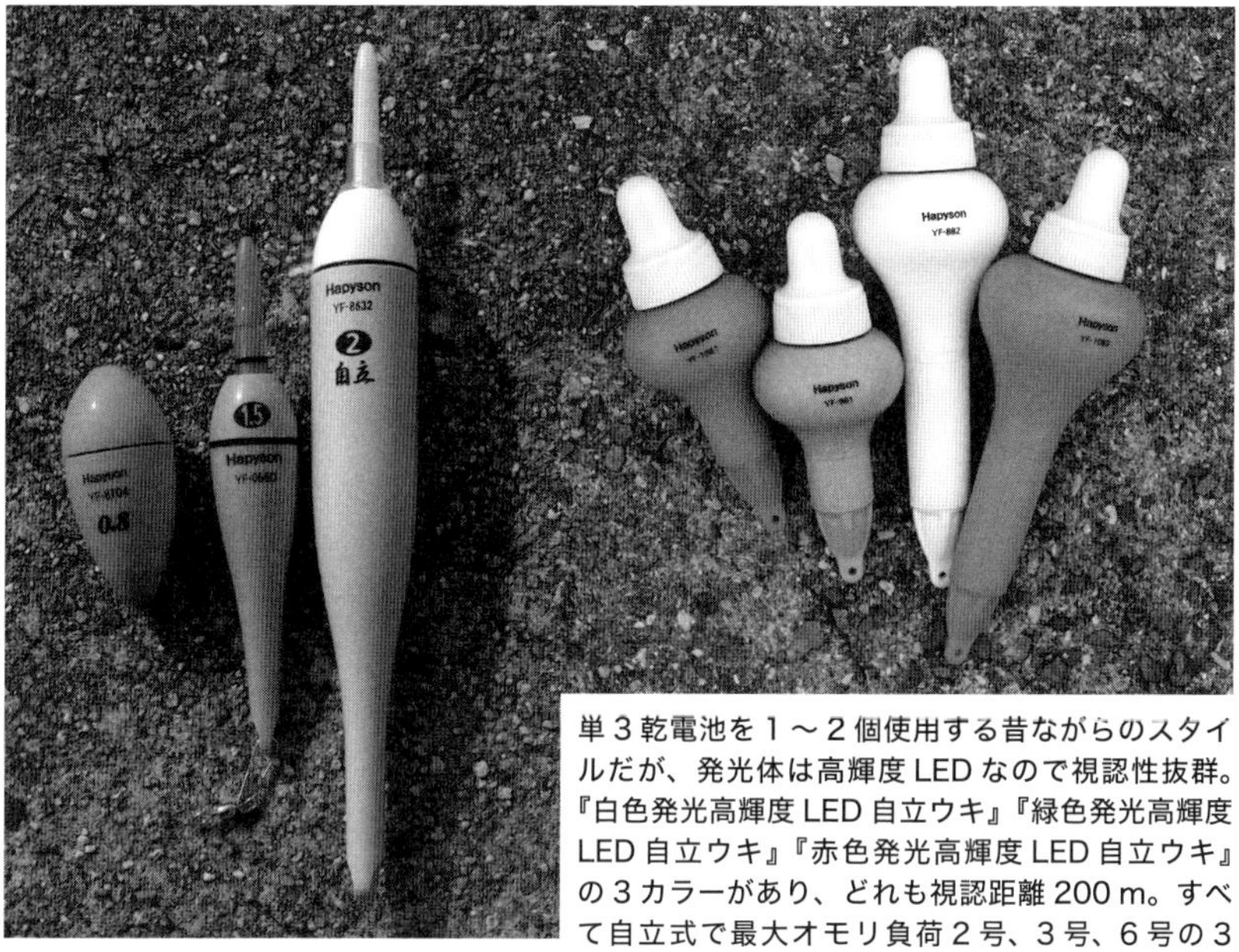

単３乾電池を１～２個使用する昔ながらのスタイルだが、発光体は高輝度LEDなので視認性抜群。『白色発光高輝度LED自立ウキ』『緑色発光高輝度LED自立ウキ』『赤色発光高輝度LED自立ウキ』の３カラーがあり、どれも視認距離200m。すべて自立式で最大オモリ負荷２号、３号、６号の３サイズ

（左から）『高輝度中通しウキ』は適合オモリＢ～1.5号までの６アイテム。『赤色発光自立ラバートップウキ』は適合オモリ１～５号の５アイテムの自立式。一番右の『白色発光自立ラバートップミニウキ』がタチウオ釣りにはポピュラー。すべて自立式で最大オモリ負荷0.8号、１号、２号の３サイズ。よく飛び深いタナまで探れ白く明るい光で視認性抜群、視認距離は150m

●ヒロミ産業

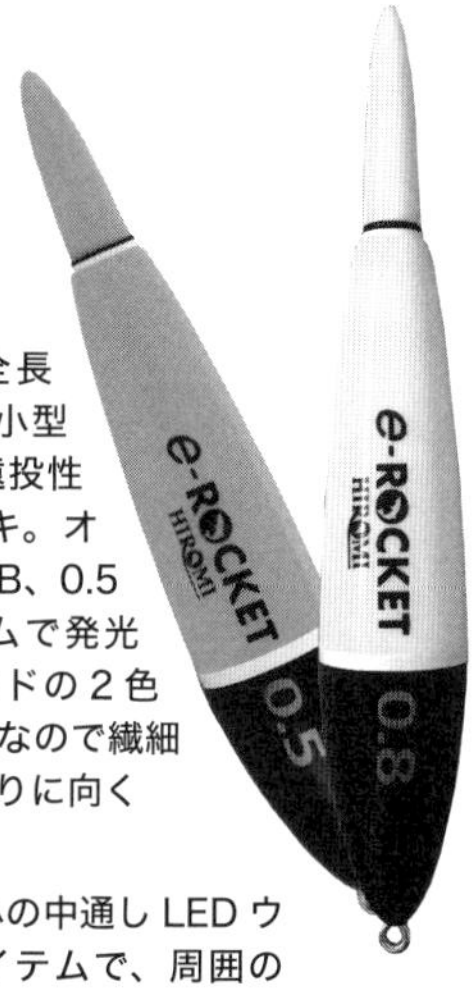

『e-ロケット』は全長105～130mmと小型ながら重量があり遠投性能に優れた自立ウキ。オモリ負荷B、2B、3B、0.5～３号の９アイテムで発光色がグリーンとレッドの２色から選べる。高感度なので繊細な軽い仕掛けでの釣りに向く

●ルミカ

『チャップオン２カラー』は世界最小の中通しLEDウキ。オモリ負荷はＢと3Bの２アイテムで、周囲の状況に応じて発光色を赤・緑から選べる。完全フカセに近い仕掛け、至近距離での繊細な釣りに威力を発揮

ウキ釣りのタックルと仕掛けバリエーション

ウキ釣りタックルは使用するウキの重量で大きく2とおり。リチウム電池式で比較的軽量なウキを使う場合、サオは磯用2号前後がベストマッチ。長さは5～5・3ｍでOKだが、それ以下の短いものでも問題ない。夜釣りなので穂先絡みの心配がない中通しロッドがあればベターだ。リールはスピニングの2500～3000番。レバーブレーキ付き、レバーなし、どちらでもお好みで。

ミチイトはナイロン2・5～3号でサスペンドタイプもしくはフロートタイプがよい。暗い海面ではミチイトが見えにくく、沈みすぎるタイプだと思いのほか深く沈み込んでいることがあり、操作が困難なのが理由。ただし横風や向かい風が強い日のフロートタイプ使用は、ミチイトを吹き上げられウキの流れに影響するのでよろしくない。

乾電池式の重量があるウキで遠投を念頭に置いて釣りをする場合は、遠投用の磯ザオ3～4号の4・5～5・3ｍ。スピニングリールは4000番クラス。ミチイトはナイロンなら4～5号。もしくはPEラインの1・5～2号、ただPEの場合は先イトとしてナイロン4～5号を10ｍほど接続しておく。

どちらのタックルに関してもウキは遊動式で使用するのが基本。ウキ下2ヒロまでの浅いタナでしか釣らない場合は固定式でもOKだが、遊動式にしておくほうが急にタナが深くなった場合に素早く対応できる。

ハリスにはワイヤを使用。自作するのも楽しいが各メーカーからさまざまなものが市販されている。どれを使えばよいのかが悩ましいところだが、タチウオのワイヤ仕掛けは大きく分けてエサを縦（垂直）にセットするものと、横（水平）にセットするものに分かれる。基本的に細かくクイックリーにエサを動かすなら縦、大きく動かしてゆっくりフォールさせるなら抵抗が大きい横という誘い方の違いで選べばよい。

ウキ釣りにも発光体は必需品だ。ハリから20～30㎝上、オモリの上あたりにセットするのが一般的。発光体のサイズは大きいもの（ケミホタルなら75サイズ）ほど発光が強く潮受けもよいが、状況によって小さく（ケミホタル50、25）する場合もある。

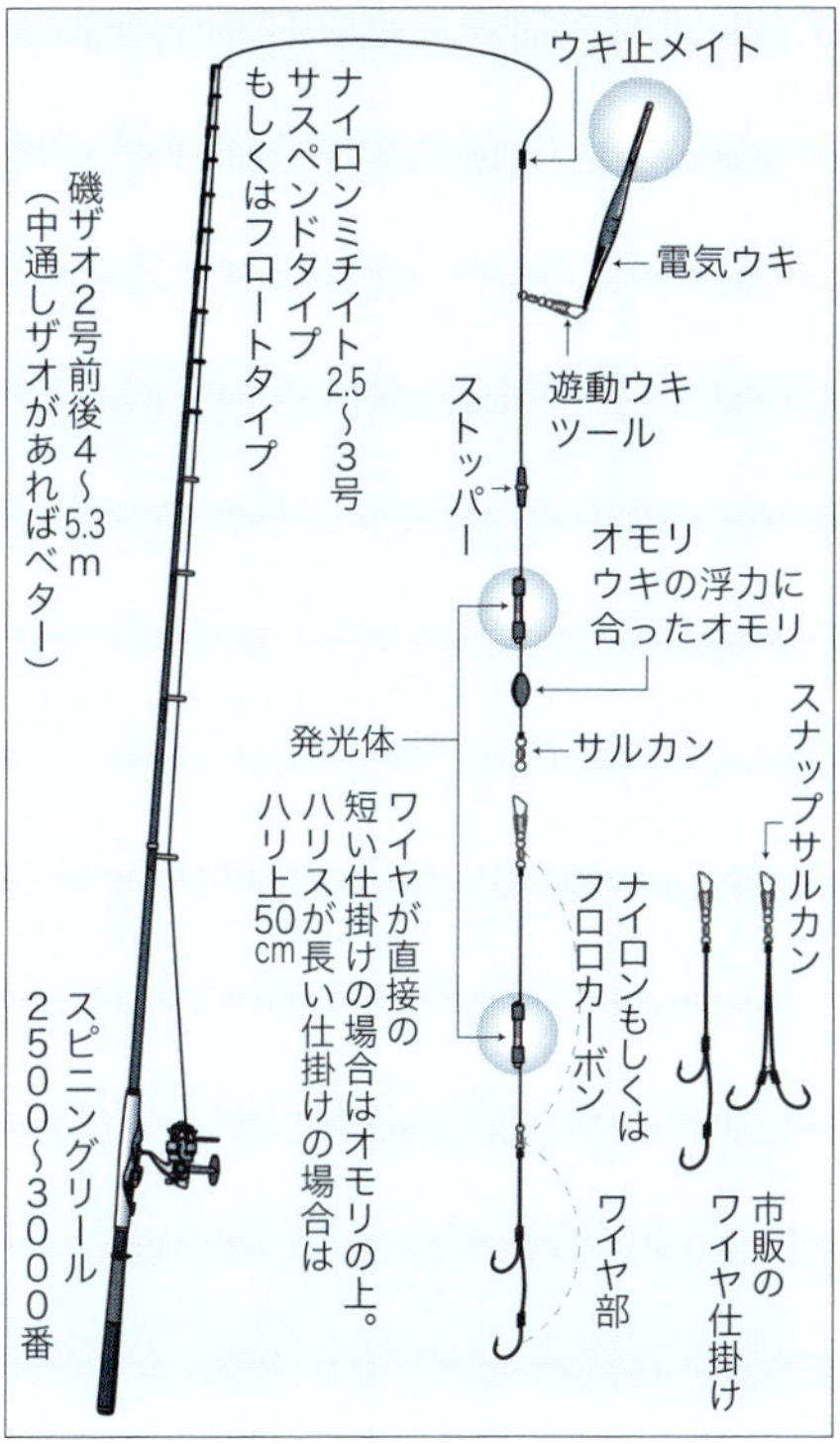

近年の主流は磯ザオ２号前後にスピニングリール 2500～3000番（写真上の右）。磯のフカセ釣りタックルがそのまま使用できる。遠投用磯ザオに大型スピニングリール（同左）なら乾電池式の大型電気ウキの遠投使用が可能

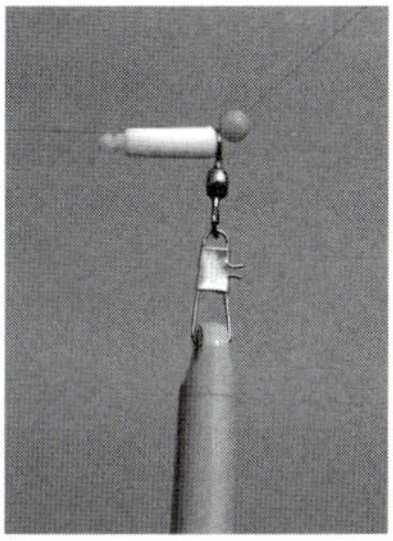

ウキは遊動式にして使用する。写真のようにスナップサルカンとシモリ玉を使ってもよいし、一体になった遊動ウキツールの使用ももちろんOK

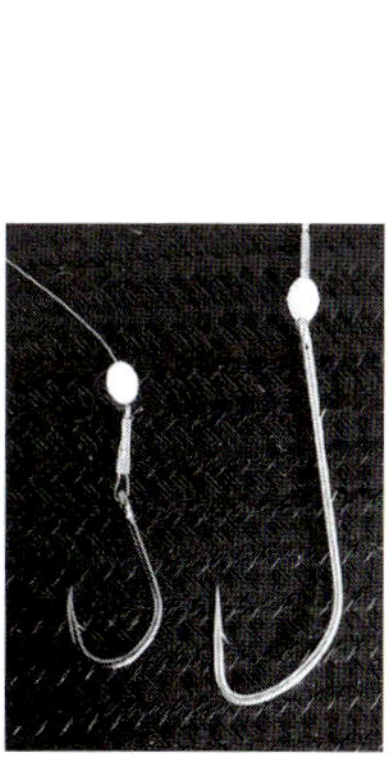

ハリはワイヤを結ぶので環付きタイプ。チヌバリ４～５号、もしくは軸が長いタチウオバリ（サーベルフック）＃1/0～3/0がおすすめ。基本的にはキビナゴにはチヌバリ、サバやサンマなどの切り身エサにはタチウオバリという使い分け

ワイヤ仕掛けのバリエーション

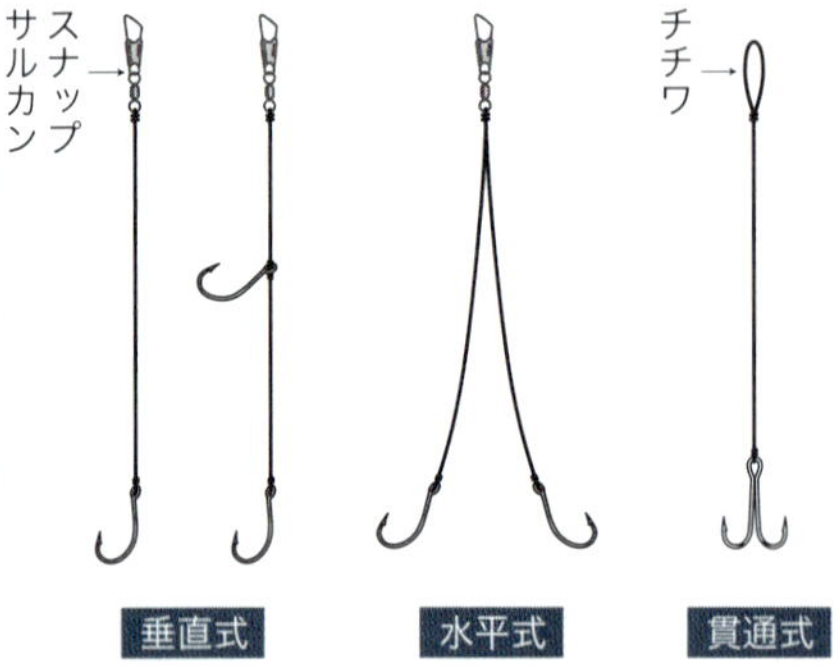

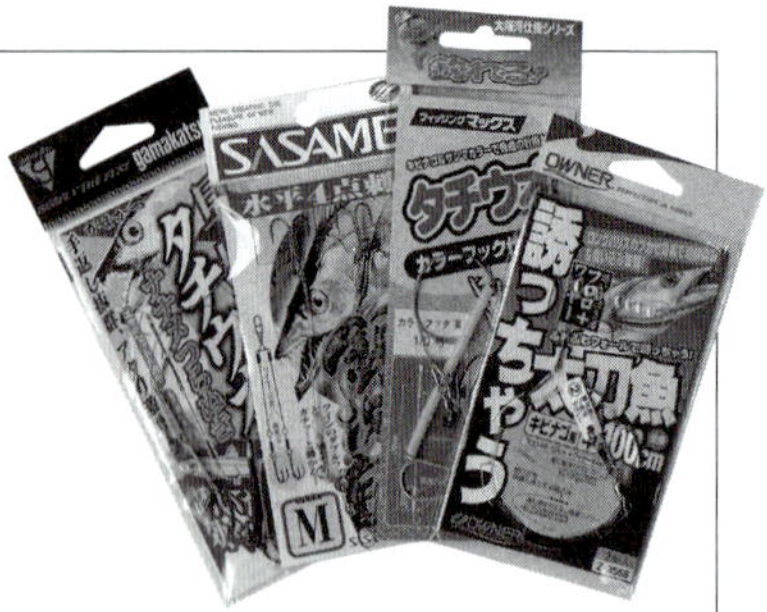

ウキ釣り用ワイヤ仕掛けには多くの種類があるので、それぞれの特徴を把握して使い分けよう

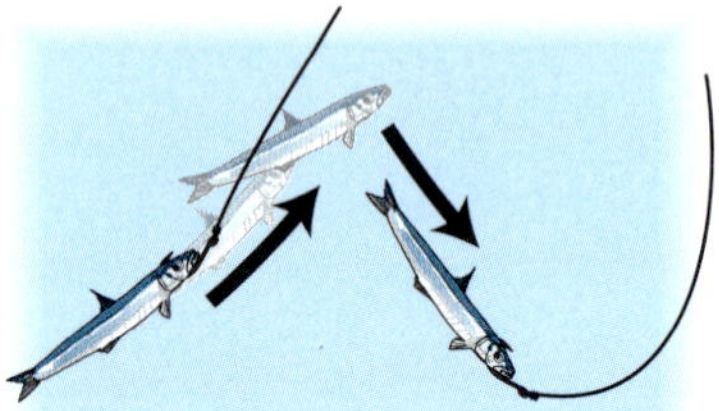

垂直式は引き上げ、沈みがスムーズで広いタナを素早く探れる

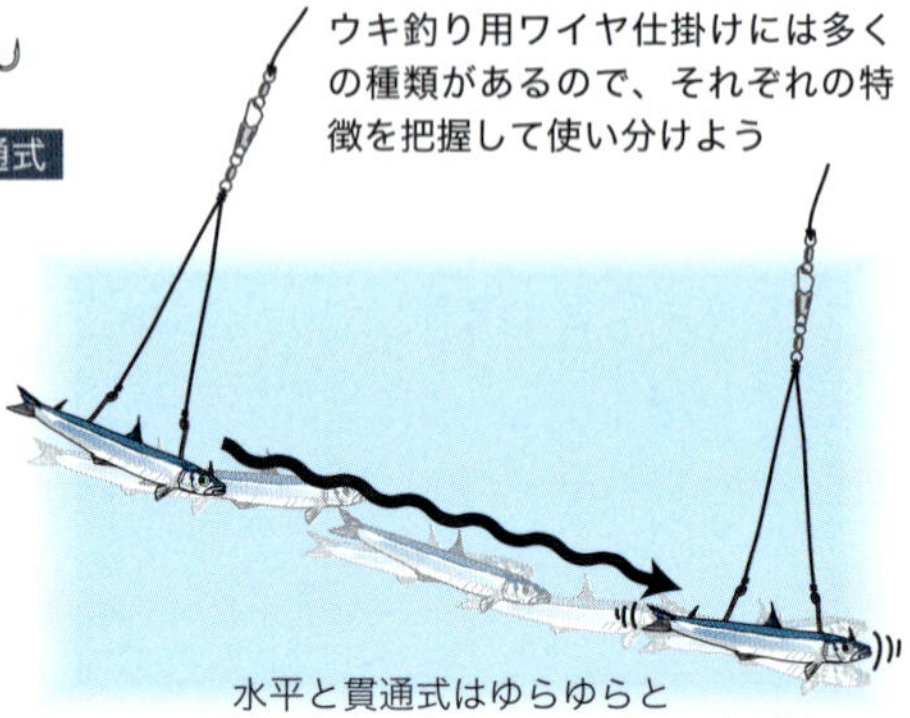

水平と貫通式はゆらゆらと沈下しタチウオへのアピール力が強い

●セット一発太刀魚仕掛

オーナーばり『セット一発太刀魚仕掛』はケミホタル以外すべてパーツが一気にミチイトに通せる便利グッズ。ウキ止めイトを締めてスナップサルカンを結びオモリの上にケミホタルを装着。そのスナップに付属のワイヤ仕掛けをセットすれば完成。あとはウキ止めイトの位置を調整しウキトップにケミホタルを差し込むだけ。ハリの違いによる「きびなご用」と「切り身用」の２タイプがある。ケミホタル、替えバリも付属。

●水中ウキ釣法＆完全フカセも面白い！

ウキを使わずにエサ、ハリとイト、発光体だけを使う方法がある。完全フカセに近い仕掛けで海中にエサを自然に漂わせ、他の釣り方ではなかなか食ってくれないタチウオに口を使わせることができる。ネックは仕掛けが軽いため思うように投げられないところだが、ハピソン『かっ飛びボール』などを使えば問題解決。いわば水中ウキタイプの LED ウキなので、重量があり海中にゆっくり沈めていくことができる。

『かっ飛びボール』にはサスペンド、スローシンキング、ファストシンキング、エキストラシンキングがあり発光色はブルー、グリーン、レッドの３色

灯りはナイトゲームの必需品

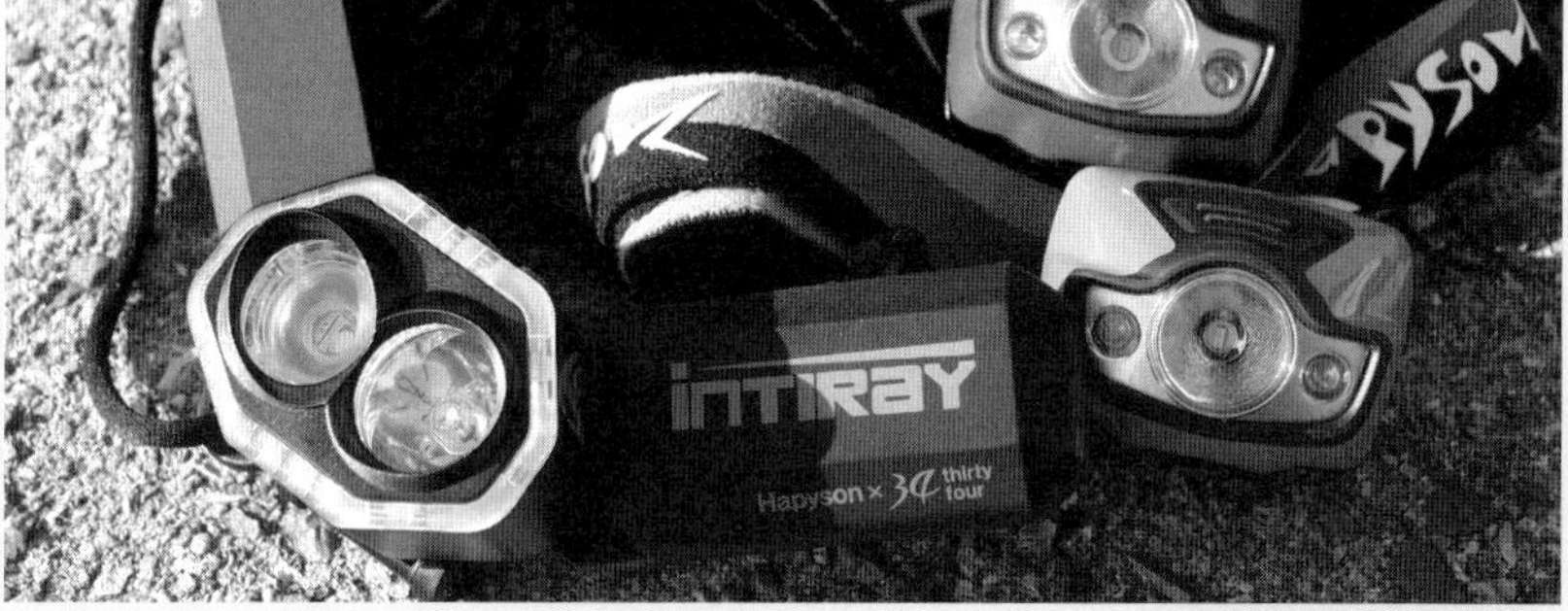

釣り用のライト類には、いろいろなものがあるので自分の釣りに適したものを選ぼう。またハピソン『光る作業台・光るんクリップ』（写真右）のように手をかざせば点灯するセンサー付きのものがあり、エサ交換時などに重宝する

■陸っぱりのタチウオ釣りはマヅメ時や夜間がメインなので手元を照らすライト類が欠かせない。慣れてくれば仕掛けの結びやエサ付け、ルアー交換など暗がりのなかでも手探りでできるようになるが、ライト類を持参しておいて損はない。オーソドックスなヘッドライトタイプ、胸のポケットなどに付けるタイプ、首からぶら下げるタイプ、帽子のツバに装着できるものなどさまざまなものがあるが、どうせならLED式で、できるだけ明るいものを用意しよう。釣り場への行き帰り、足下を照らすのにも必要だ。

タチウオ釣りの場合、あまりうるさいことはいわないが海面をむやみに照らすのは御法度。点灯して作業をする場合は海に背中を向けて。ライトのなかには魚への影響が少ない赤色発光機能が付いているものもある。予備の電池はもちろん、予備のライトも釣り場に持参しておくと、なお安心。

ウキ釣りのエサとセット方法。基本的なねらい方

ウキ釣りで使用するエサはキビナゴもしくはサバやサンマの切り身。どちらかだけでもかまわないが、両方を使い分けることで釣果をアップさせることが可能。とにかく食い込みのよさを優先させるなら圧倒的にキビナゴだ。一方、切り身エサは食い込みのよさではキビナゴに譲るものの、エサもちがよく、ひとつのエサで複数のタチウオを釣ることも可能で、特に入れ食いの時に威力を発揮する。

キビナゴなら1回の釣行で冷凍ものがワンパックあれば充分だ。鮮魚店で生のキビナゴが手に入るなら塩で締め、小分けして冷凍しておくと経済的。目玉の前、背骨など比較的硬い部分を意識してハリを通したりハリ先を留めたりするのが基本。切り身の場合も冷凍のエサ用がワンパックあれば事足りる。鮮魚店で購入したり、タチウオ釣りの前に釣れるのであれば、自分で下ろして短冊状にしておく。キビナゴにくらべてエサ自体が大きめなので、軸が長いタチウオバリなどを使い縫い刺しにすれば外れにくく、タチウオも掛かりやすい。

エサはキビナゴか切り身か、それぞれワンパックあれば充分だが、両方を持参し使い分ければ、より好釣果につながる

マヅメ時になりウキ釣りタイムが到来したら、まず深めのウキ下からスタート。釣り場にもよるがウキ止めからハリまで2～3ヒロで釣り始め、アタリが出だしたら徐々に浅くしていく。極端な場合、矢引きくらいの超浅ダナで釣れることもある。時合が過ぎ、アタリが遠のいてきたら再び深くしていき、アタリが出るタナを探す。そして重要なのが誘いだ。ウキを流しっぱなしにすると食うタチウオも食ってくれない。潮が流れる場合は止めては流してを繰り返す。潮がほとんど流れない場合は、時々サオをあおってウキを動かしてやる。これでエサが海中で浮き沈みしタチウオにアピールする。とにかくエサを動かしては止めてを繰り返す。アワセはウキが海中に引き込まれ見えなくなってから、遅すぎるくらいの遅アワセだ。

●1本バリでキビナゴをセット

頭や身が崩れていないものを選ぶ

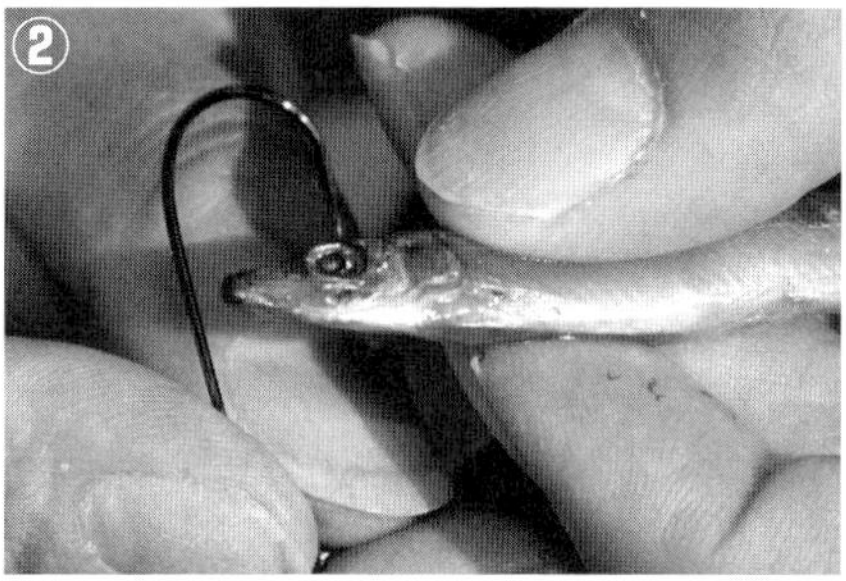

ハリを入れるのは目玉の脇

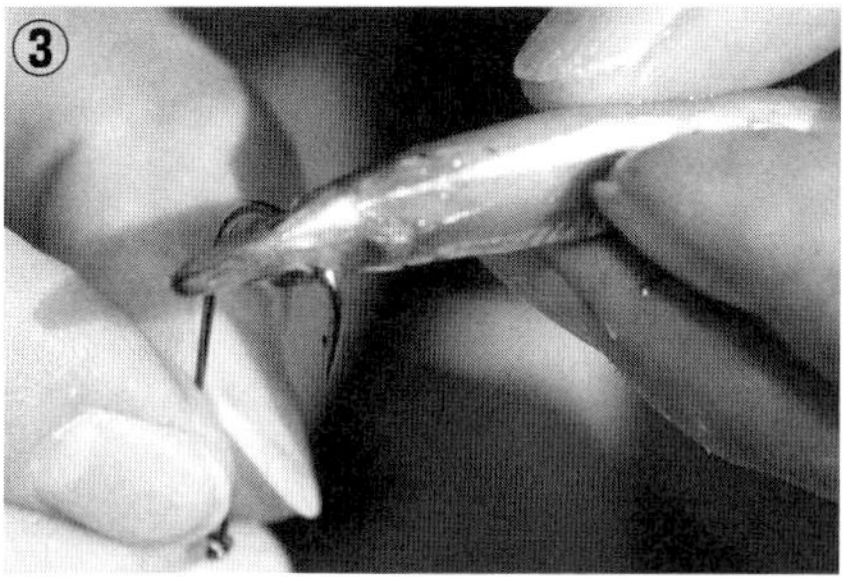

ハリ先を反対側に抜く

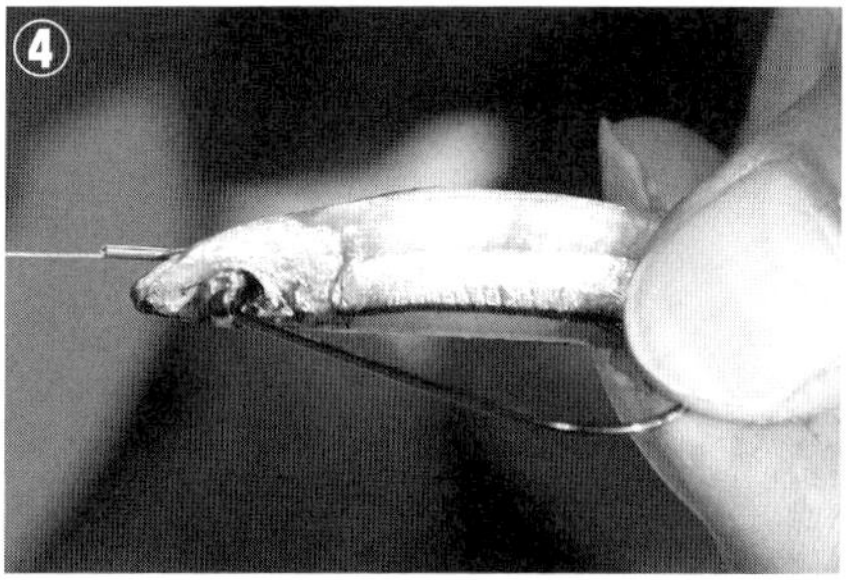

一旦、ハリを抜いてしまう

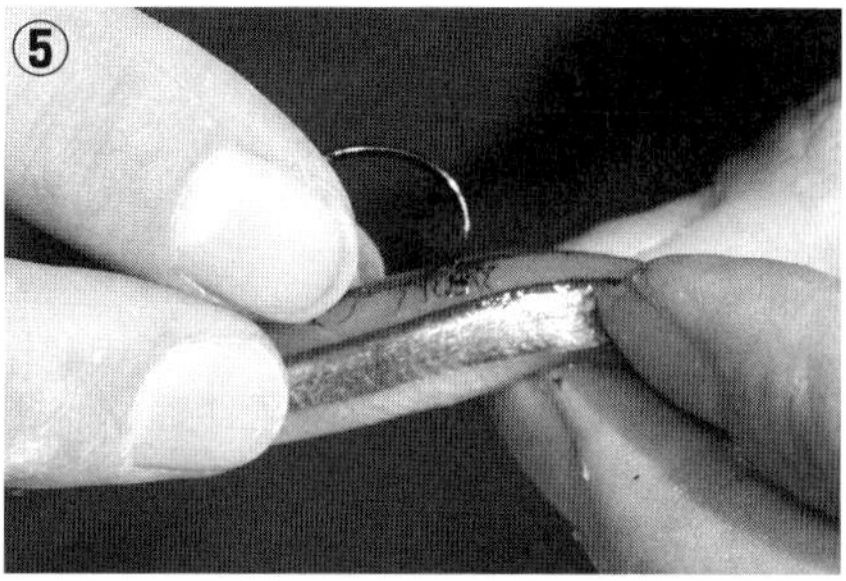

背中の中央あたりにハリを刺す

硬い背骨でハリ先を留める

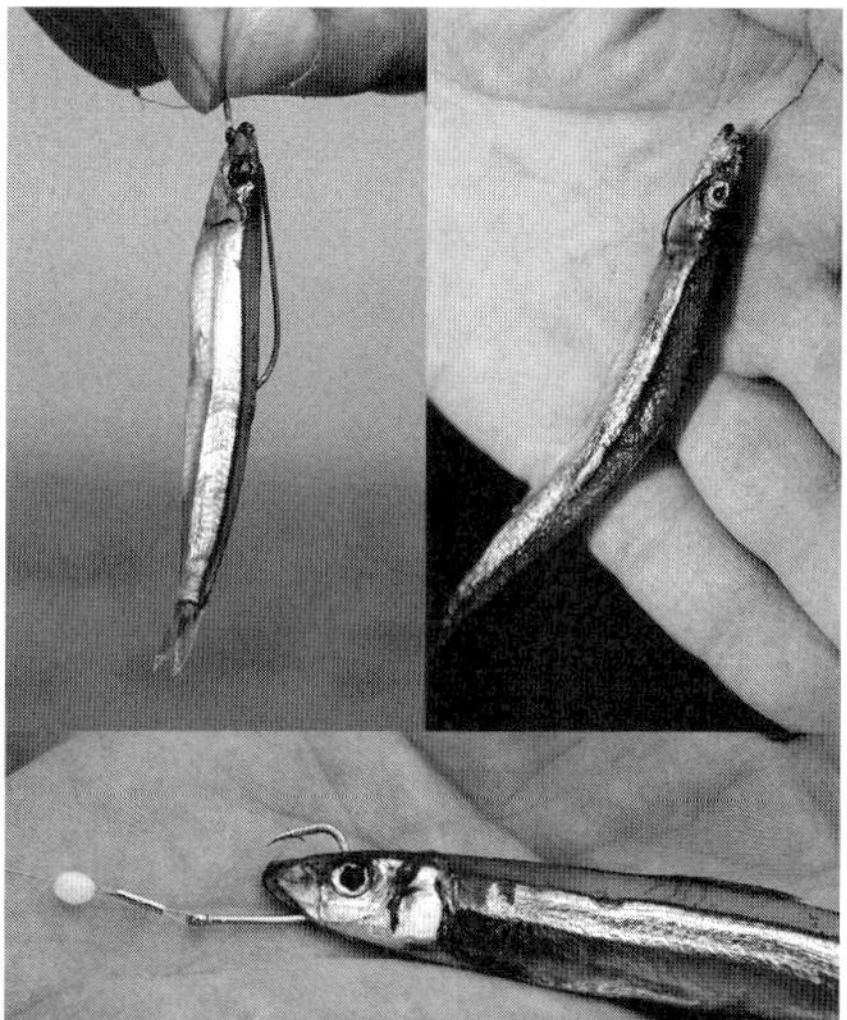

これは軸の短いチヌバリでも同じ。エラブタにハリ先を入れて留めても OK。下アゴからハリを入れて頭に抜いてチョン掛けする方法もある

●2本バリでキビナゴをセット

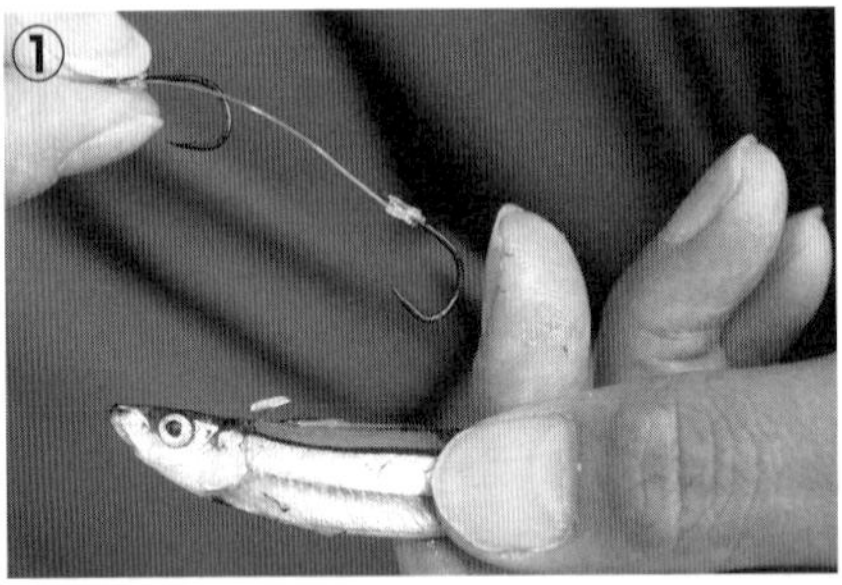

垂直式2本バリの場合

まず下側のハリを目玉の脇から通す

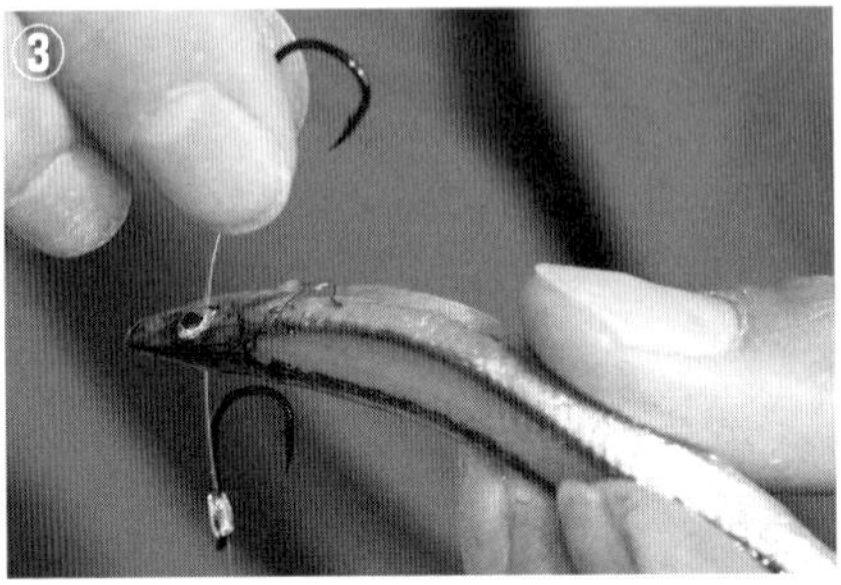

反対側に抜いてしまう

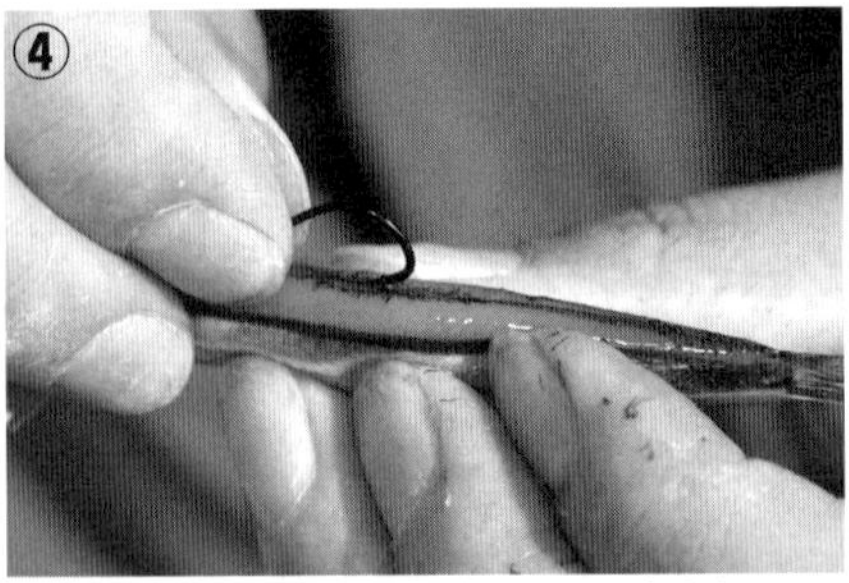

下バリを背中の中央、硬い背骨でハリ先を留める

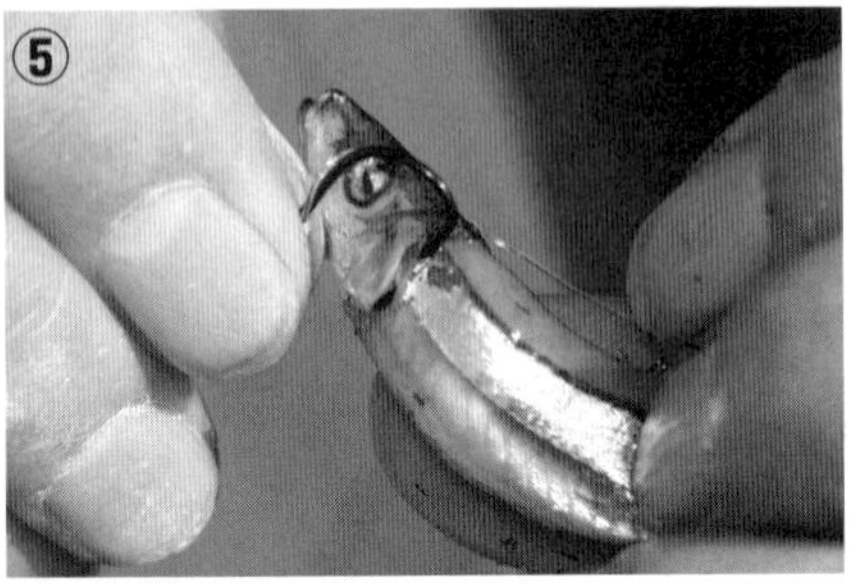

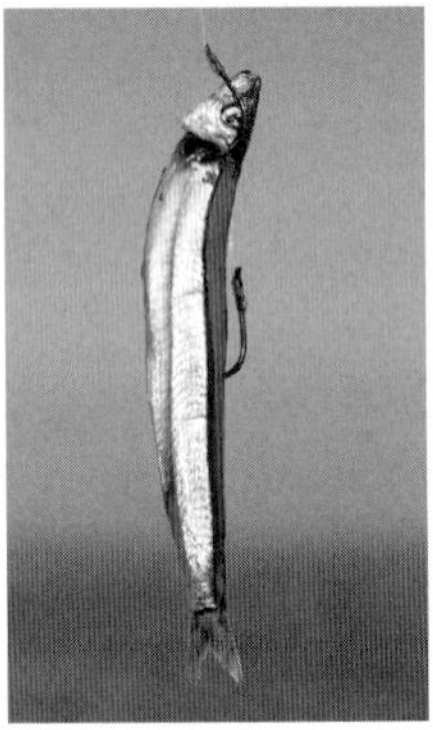

上バリをエラブタの硬い部分に引っ掛けて完成。仕掛けを垂らしてみてキビナゴが真っ直ぐになっていればOK

●サバ・サンマなどの切り身をセット

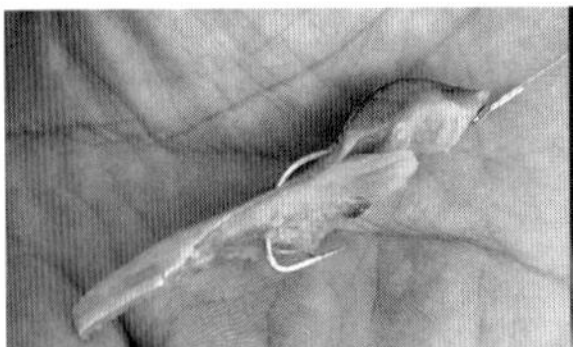

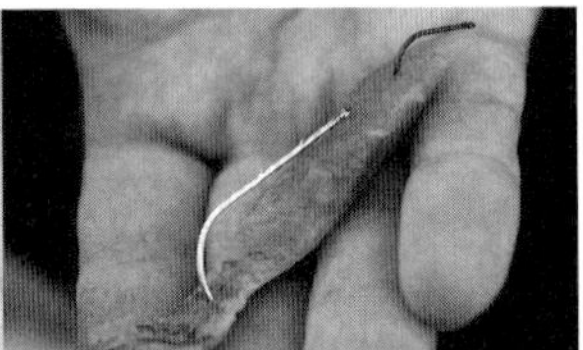

切り身の幅は5、6mmがベスト。皮のほうからハリを入れ縫うように刺し最後に皮側からハリを入れ皮の白い部分を2、3cm残して完成。切り身を使う場合は軸の長いハリを選ぶ

エサはマルキユー『軽締めアミノリキッド』などに浸しておけば身が締まりエサ持ち向上。アミノ酸で食いもアップする

●貫通式でキビナゴをセット

付属のピンをキビナゴの胴体に貫通させる

ピンにワイヤ仕掛けの輪を掛け引き抜く

ハリをキビナゴの胴体に埋め込めば完成

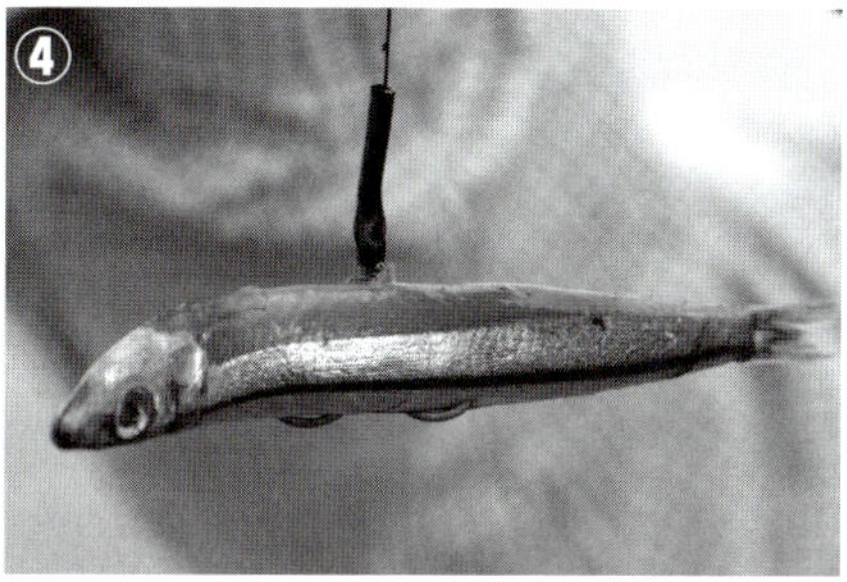

腹を下にしてもOKだが写真のように硬い背を下にすると外れにくい

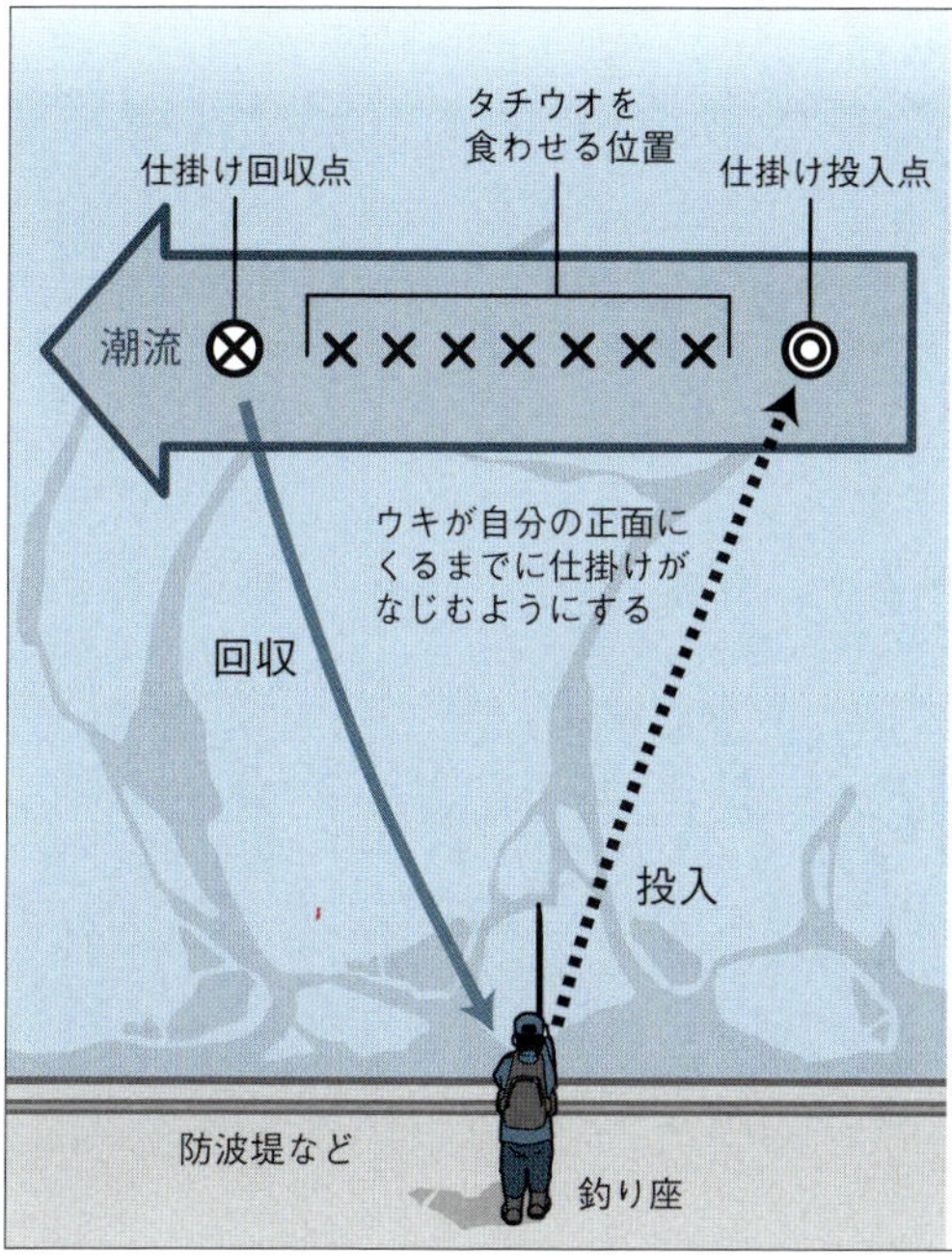

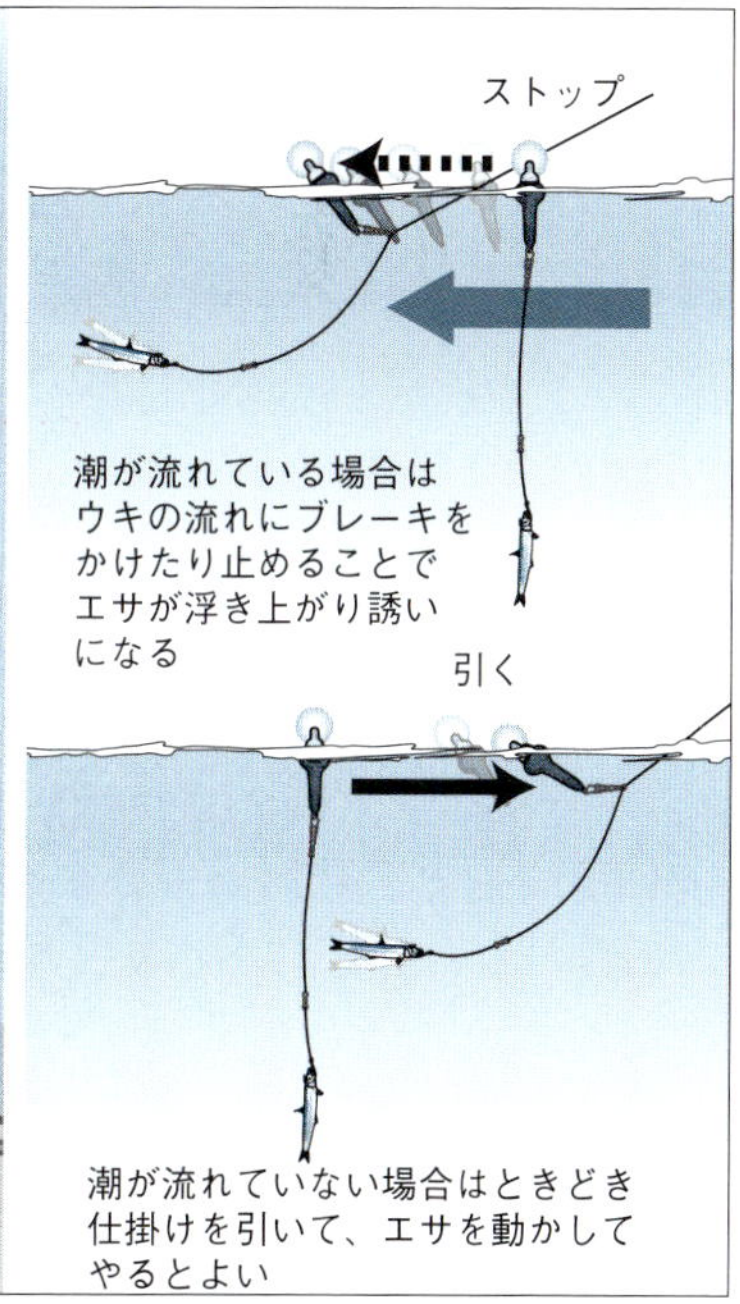

グローカラーにはUVライト

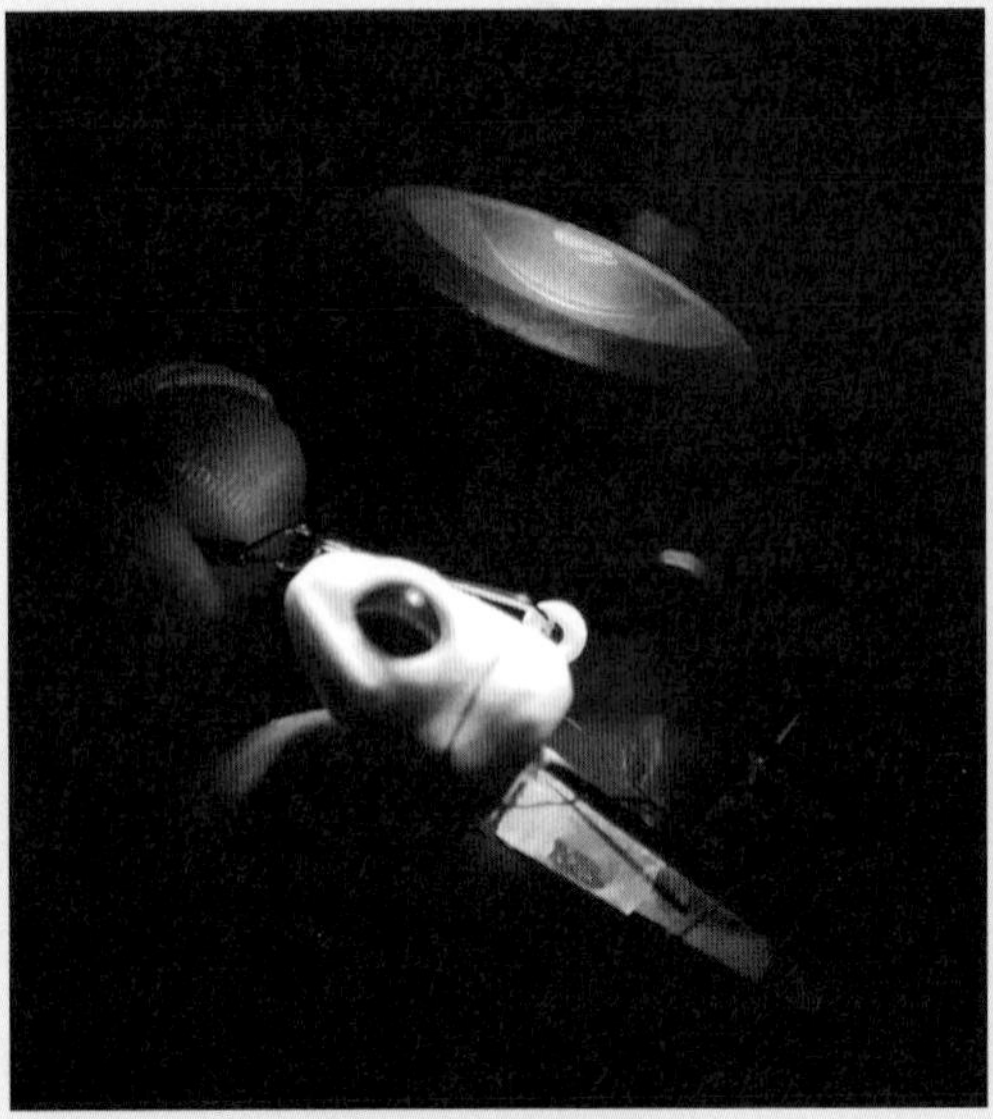

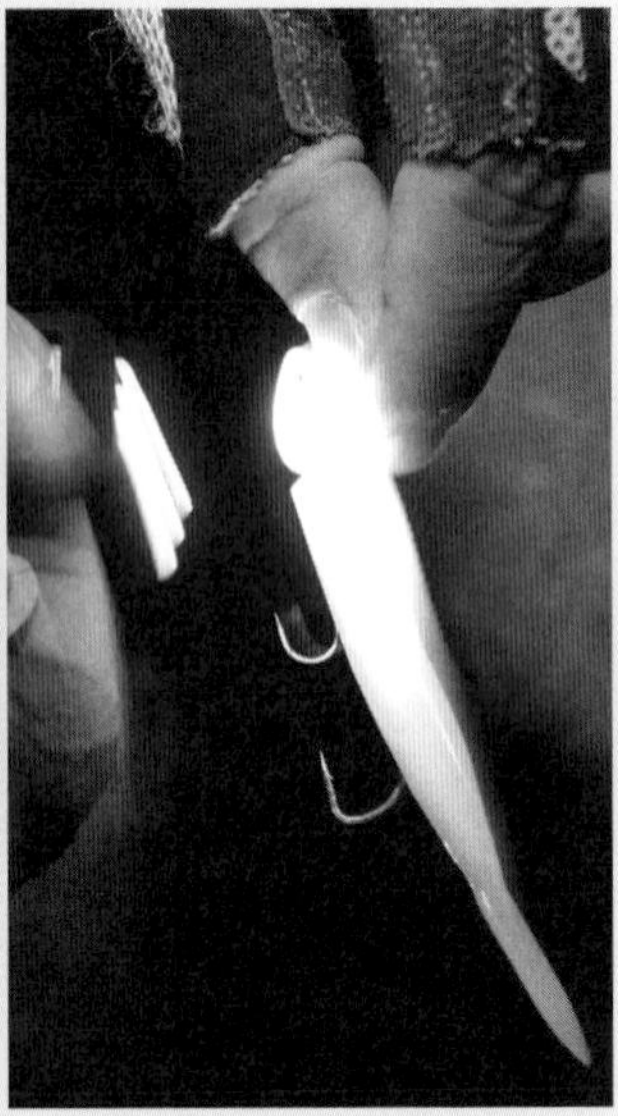

ジグヘッド、ワーム、テンヤなど釣り具にもN夜光（ルミノーバ）という強力で長時間発光し続ける塗料を採用したアイテムが増えてきた。専用のUVライトをまめに照射することでタチウオに強烈アピールしよう

■ジグヘッド、ワーム、引き釣り用テンヤなどのカラーにグロー（夜光）が多いのは暗い海中で目立たせてタチウオに見つけてもらうため。最近は発光体が不要なほど長時間光り続けるものも増えている。こういったグローカラーのアイテムに効率よく蓄光させるにはUVライトが必需品だ。ヘッドライトなどの光でも蓄光はするが、蓄光塗料はUV（紫外線）に反応するため、UVライトを照射するほうが短時間で効率よく蓄光できる。

それぞれのアイテムに使用されている塗料の種類、性能にもよるが、手間を惜しまず数回に1回は必ず照射蓄光させること。何回か投げて発光が落ちてきたと感じてからでもかまわない。キーホルダーのようにベストや腰ベルトにぶら下げておけば素早く照射することができる。

section2

船釣り編

たまの休日は遊漁船に乗って沖に出てみよう。お天気に恵まれ青い海面に姿を見せた銀太刀は感動ものの美しさ。陸っぱりよりサイズもよく数も間違いなし。テンヤ釣りとジギングが二大勢力だ！

船釣りのバリエーション

陸っぱり同様、タチウオは船釣りでも人気のターゲットだ。特に大阪湾では数あるターゲットのなかでも間違いなくナンバーワンの人気を誇る。なかにはオフシーズンは春の1カ月だけで、ほぼ年中タチウオねらいに出船するという遊漁船もあるほどだが、例年7月ごろにシーズンが開幕し翌年の2、3月までというのが一般的だ。それでも8～9カ月というロングランの釣りである。

西日本エリアに限定した場合、船のタチウオ釣りはエサを使うテンヤ釣りとルアーフィッシングのジギングに分かれる。東京湾のような吹き流し仕掛けと切り身エサを使うテンビン釣りも和歌山県湯浅などでは昔から定番になっているが、あくまでも少数派だ。

陸からでも気軽に釣ることができるタチウオを、なぜあえて船から釣るのかといえば、日中に数釣りができるうえに、ドラゴンクラスと呼ばれるメーターオーバーの大型が高確率で釣れるからにほかならない。平均サイズも陸で釣れるタチウオより、ひと回り以上は確実に大きい。またゲーム性の高さも多くのリピーターを生む理由である。

●テンヤ釣り

大阪湾から瀬戸内海、九州方面で盛んなテンヤ釣りは、大きなオモリの後ろに大きなハリが付いたテンヤと呼ばれる釣り具を使い、これに十数㎝の冷凍イワシなどを針金で縛り付けて海底まで下ろし、ゆっくり巻き上げながらアタリを取るシンプルな釣りである。大阪湾では泉南（大阪府南部）方面の乗合船がスタートして40年以上前から盛んだった釣りで、さらに以前から存在していた歴史ある釣りである。

●ジギング

ジギングは歴史的にも新しいが、若い人を中心にこれまた人気の釣りである。ポイントはテンヤ釣りとほぼ同じだが、シーズンは毎年ほぼ7月中頃から年内いっぱいで冬場はオフになることが多い。ジギングに関してもテンヤ釣り同様、シーズン前半、夏の間は簡単に数釣りができるが、後半の晩秋から初冬にかけては技術的に難しく釣れる数も若干少なくなる。ただサイズが格段に大きくなりドラゴンクラスが高確率で釣れるのはこのころだ。

●テンヤ釣り

●ジギング

テンヤ釣り

大阪湾ではシーズンになると、沿岸部である大阪府南部の泉南から阪南、兵庫県の阪神地区、明石海峡周辺から、さらには明石海峡を越えた東播方面からもポイントに遊漁船が集結する。代表的なポイントは神戸沖と呼ばれているところと、淡路島の洲本沖と呼ばれているところの2カ所で、水深はおおむね60～70ｍ。ただ冬場以降は紀淡海峡周辺の水深１００ｍ以上もある深いポイントにも船を走らせることがある。とにかく大きなエサで長く大きい魚をねらう釣りなので、掛けるのがなかなか難しい。そこで、がっちり掛けるための誘いや食わせ方を、あの手この手と試していくのが、この釣りの面白いところ。釣り人の腕の差がはっきり出るのも魅力のひとつになっている。

陸っぱりにくらべ大型が高確率な船釣りだが、実はサイズはバラバラで指2本ほどの幅しかないベルトサイズが釣れるかと思えば、指5本以上、長さにして1ｍを軽く超える1ｍ50㎝クラスの超大型もいる。平均サイズは指3～4本だ。近年、大阪湾では以前にくらべ釣れる数は少なくなっているが、逆にメーターオーバーの大型は多くなったように感じる。またシーズン後半ほどタチウオが成長して大型ばかり釣れるようになるというわけではなく、シーズンが開幕したばかりのお盆のころにドラゴン連発ということも珍しくない。

遊漁船は乗合がメインだ。少人数でチャーターする仕立船もなくはないが近年は減少傾向。仲間うちで気兼ねなくのんびり釣れるのが仕立船の魅力だが、ある程度の人数が揃わなければ割高。船宿によって料金に違いはあるが乗合船ではエサ・氷付きで大人男性７０００円前後、女性・小人５０００円前後というのが相場。低料金で気軽に楽しめるのが乗合船のよいところだ。貸し道具を常備している船宿も増えているので、クーラーひとつだけ持って釣りに行けるのも非常にありがたい。釣り時間が早朝からお昼ごろまでの午前便、午後から出船し夕方に帰港する午後便と1日2便制をとる遊漁船も多い。とにかく人気の釣りなので週末や休日は満船になることが多い。早めに予約を入れておきたいが、止むに止まれぬ事情でキャンセルする場合は必ず船宿に連絡を入れること。

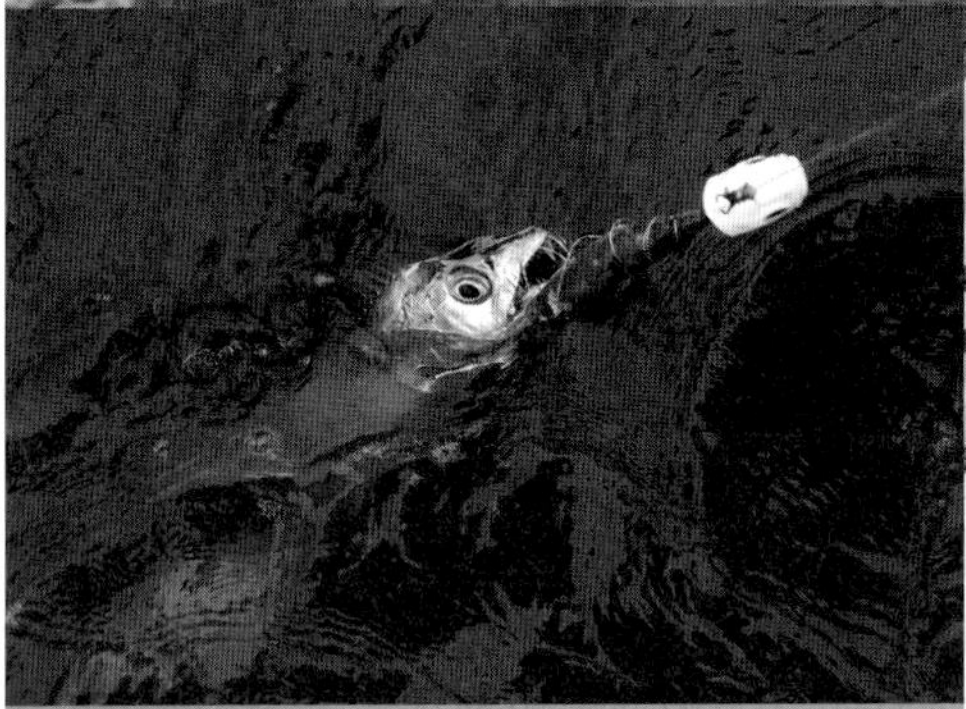

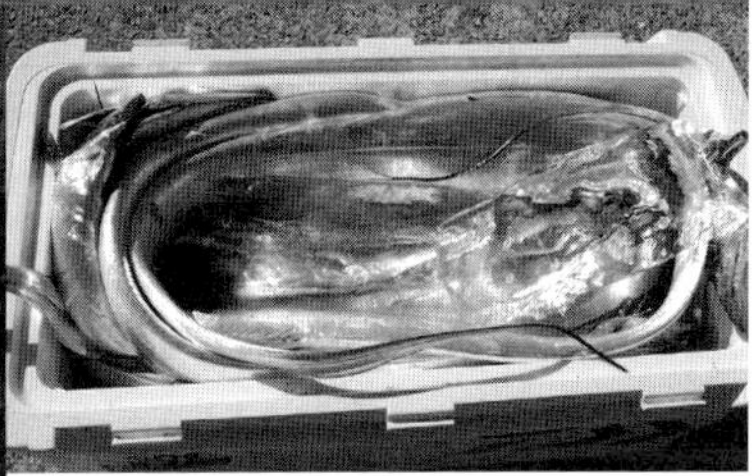

シーズンになると神戸沖や洲本沖に多くの遊漁船が集結する大阪湾のテンヤ釣り。テンヤと呼ばれるオモリと大きなハリが一体になった釣り具を使い、微妙なアタリを合わせて釣る。昔にくらべて釣れる数は減少傾向にあるが、ときにはクーラーが一杯になることも。何より陸っぱりよりも平均サイズが大きいのが魅力だ

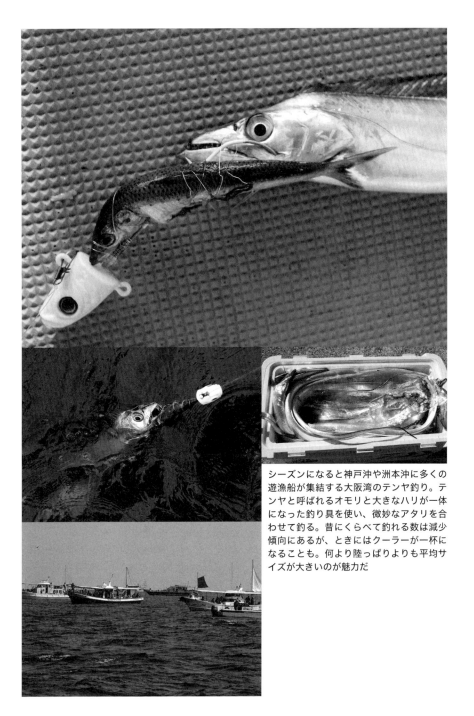

船釣り用のテンヤとは？

テンヤとはナマリが鋳込まれたハリのことで、カブラとほぼ同意である。ただ連続的にオモリを取り付けたビシマイトと組み合わせて使用するカブラよりも、ビシマを使用しないテンヤは相対的に大きく重い。現在市販されているタチウオ用のテンヤも30～50号と重いのが特徴だ。タチウオ用のテンヤが、いつのころから使われだしたのかは定かではないが、関西では古くから存在した漁具であることは間違いないだろう。

以前はナマリ剥きだしだったが、ヘッド（オモリ）の後ろに大きな下向きのハリが付いている特徴は現在のタチウオ用のテンヤも変わりない。現在のテンヤはヘッド部分を蛍光グロー塗装するなどカラフルなものが主流になり、形状もルアーのように魚を模したものがほとんど。なかにはハリの軸にケイムラ塗装を施すなど、海中でよりタチウオにアピールするようにできている。ハリ軸には上向きに1～3本の尖ったピンが付いており、このピンにエサのイワシなどを沿わせて刺し、その上から針金を巻き付けエサを固定する。

シングルフックタイプと呼ばれる1本バリのテンヤが主流ではあるが、九州方面では2本バリのダブルフック仕様の人気が高い。それぞれに特徴があり、どちらが釣れるかは一概にいえないが、とりあえずはシンプルなシングルフックタイプを選んでおけば間違いない。

ヘッドの重さ（号数）は地域や船宿で統一されているので釣行先に合わせて選ぶ。大阪湾では全域で40号を使うのが鉄則。広島、愛媛、九州方面などで150mという深いポイントをねらう場合は50号に統一するという。

使用するテンヤにラインの太さも合わせて統一することで、海中での仕掛けの沈み方を同じにして、釣り客同士の仕掛けが絡むオマツリを避ける。釣り客全員の仕掛けを統一することで快適な釣りになるので、このルールは必ず守りたい。

近年、ライトテンヤ、ジギングテンヤなど従来のテンヤとはシステム、釣り方自体が違うテンヤも発売されているが、同じ重さを使う場合でも船によっては使用できない場合があるので、釣行の際によく確認しておくこと。

●ハヤブサ

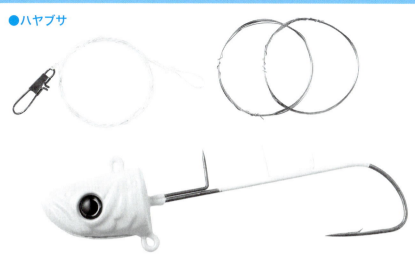

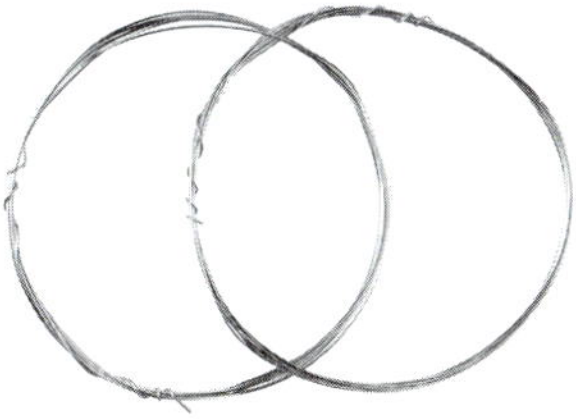

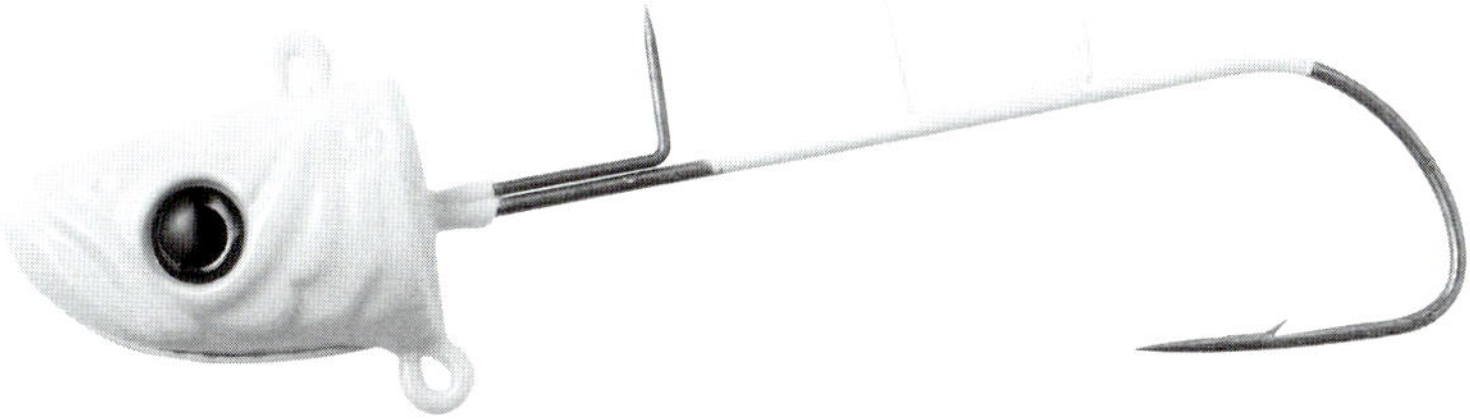

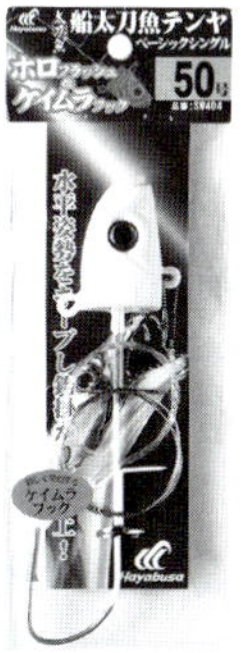

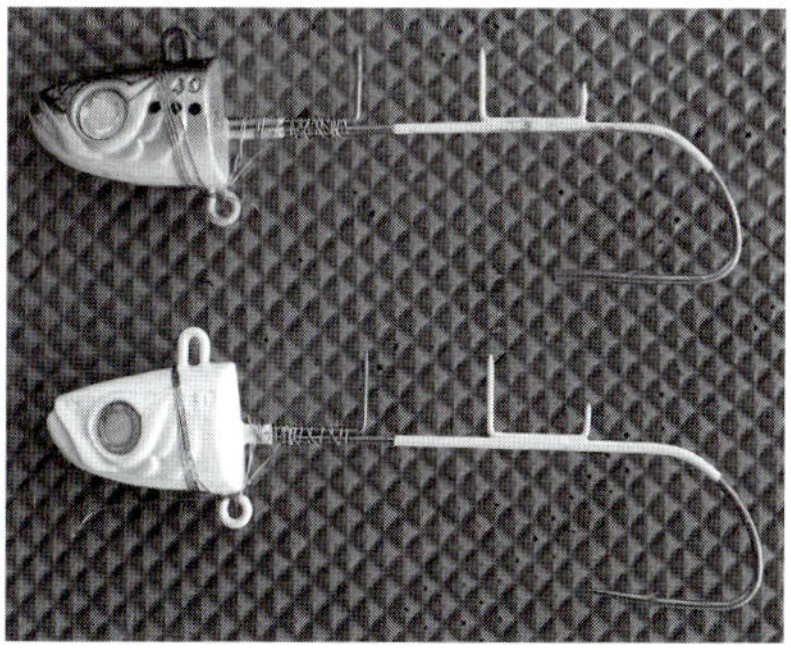

一刀両断シリーズ『船太刀魚テンヤ ベーシックシングル ホロフラッシュ＆ケイムラフック』を始め『船太刀魚テンヤ ベーシックシングル 夜光』『船太刀魚テンヤ ベーシックシングル ナチュラルイワシ』などは、いずれもエサセット時の水中姿勢が水平になる設計でハリ掛かり率アップ。ロケット型でブレにくいヘッド形状のためオマツリもすくないタチウオテンヤの定番

●ダイワ

『快適船タチウオテンヤ SS』はサクサス採用で抜群のハリ掛かりを実現。テンヤ姿勢をバトルモードとノーマルモードに使い分けられるようアイを 2 ヵ所に設置

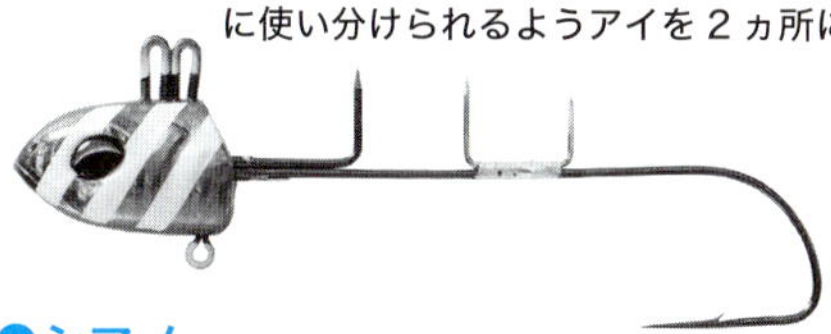

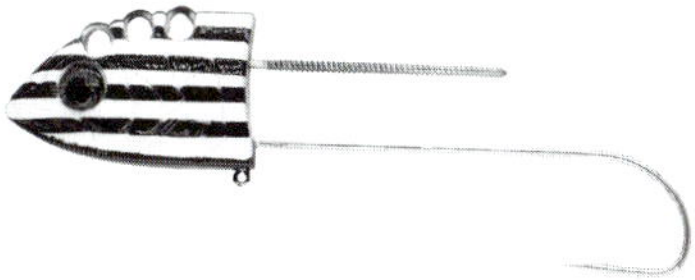

●シマノ

『サーベルマスター 船テンヤ 』は素早いフォールを実現するスリムヘッド、餌セットフィンなどの機能を搭載、水平姿勢のキープ、ハリ先の鋭さにもこだわったテンヤ

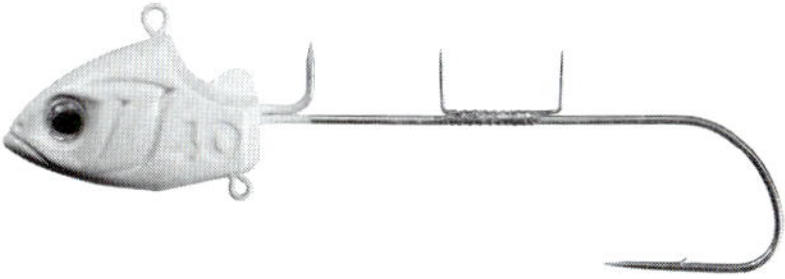

●ヤマシタ

『猛追太刀魚テンヤ船』はタチウオの口内に掛かりやすい小型のフックを採用。下部から見えるシルエットが小さくタチウオに違和感を与えないナローヘッドを採用

テンヤ釣りのタックルと仕掛け

旧来のテンヤ釣りタックルは腰を下ろしてサオ受けにサオを預けて釣るスタイルが多かったため、それに合わせて長めで銅が軟らかいサオを使い手巻きリールという組み合わせが定番だったが、近年は船縁に立つ攻撃的なスタンディングスタイルに変わりサオは短く軽量に、またリールも小型の電動が主流になった。

以前からサオ受けを使わず手持ちで釣る人もいたが多くは腰を下ろしての、のんびりムードの釣りだった

サオはテンヤタチウオ専用のものが多数市販されるようになり、長さが２ｍまでで７：３～８：２調子のものが多い。ほとんどの場合テンヤ30～60号に対応している。電動リールはＰＥ２号が２００ｍほど巻けるもの。シマノなら４００番、ダイワなら１５０～２００番が該当する。いずれにしても片手操作が可能な軽量でコンパクトなものが望ましい。電源はたいていの遊漁船に装備されているが小型軽量のものを持参する人も多い。

ラインのＰＥ２号は船用でなくても大丈夫だが、できれば等間隔で色分けされ視覚的にタナが分かりやすいものがベター。ポイントの水深は大阪湾の場合、深くて１２０ｍまで。愛媛、広島、九州方面でも１５０ｍまでなので２００ｍ巻いておけば大丈夫だ。リーダー（先イト）にフロロカーボン８～10号をサオの長さより少し短めの１２０～１８０㎝とりスナップなどでつなぎ、その先にスナップサルカンでテンヤをセットする。

以前はリーダーとテンヤの間にワイヤリーダーを使うこともあったが現在は少なくなった。またケミホタル75など大きめの発光体をテンヤの上に付ける人が多かったが、いまでは少数派になった。テンヤ自体のアピール度が増したためかもしれない。

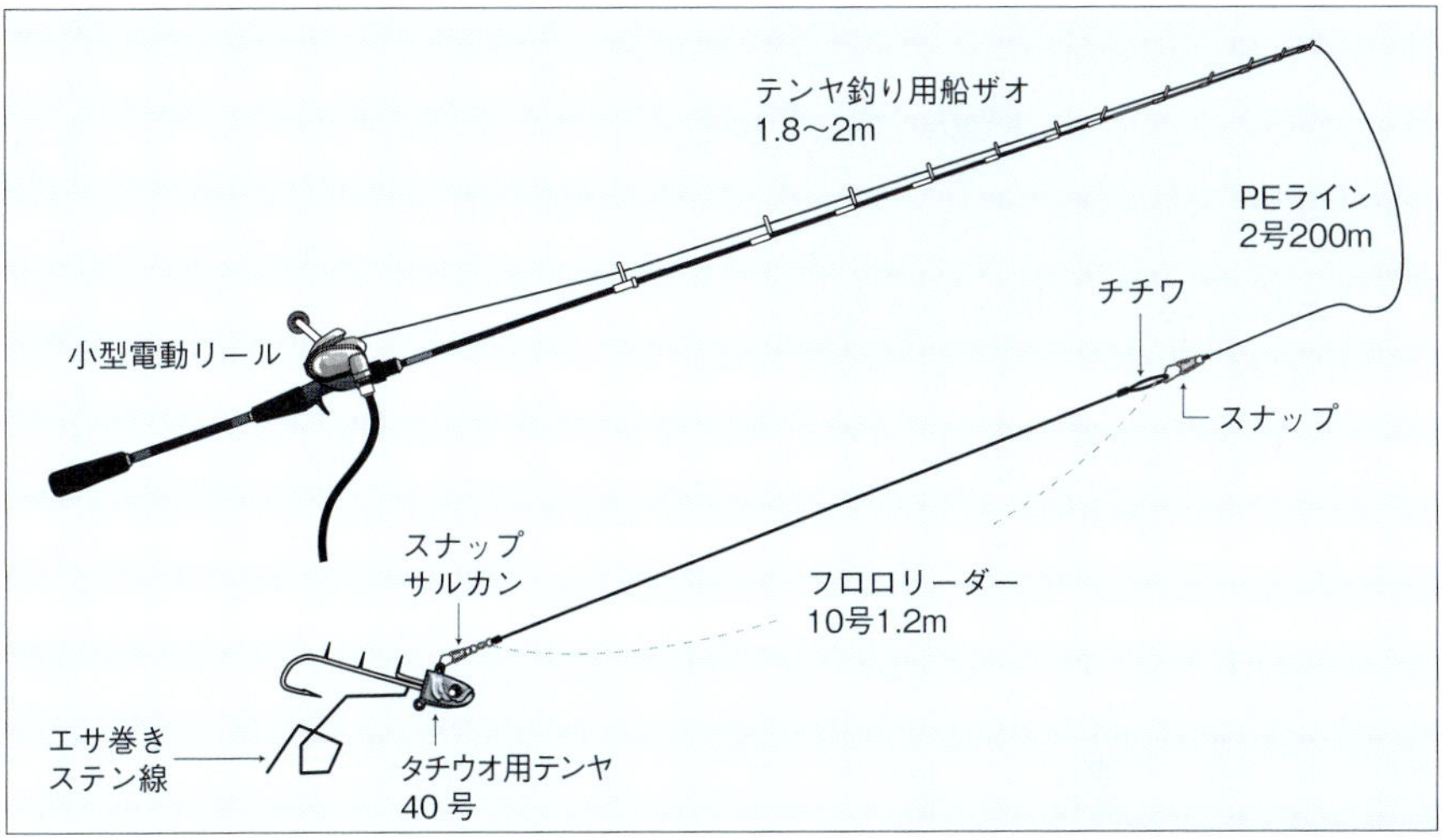

最新のスタイルは船縁に立ち常時サオを手から離さない攻撃的なものに変化。よりゲーム性が豊かになりファンが急増した。テンヤタチウオ専用のサオも多く市販されるようになり自分の釣りに合わせて調子が選べる。電動リールも小型軽量、パワフルで高性能なものが充実している

エサの種類とセット方法

テンヤタチウオで使用するエサは冷凍イワシが定番だ。大きさは十数cmから20cmほど。ほとんどの場合、乗船する遊漁船が用意してくれているので持参する必要はないが、イワシ以外のエサ、たとえばサンマなどを持ち込む人もいる。エサ持ちがよいアジで釣っている人も一度だけ見かけたことがあるが食いのよさ、扱いのよさでは、やはり定番のイワシに軍配が上がるようだ。

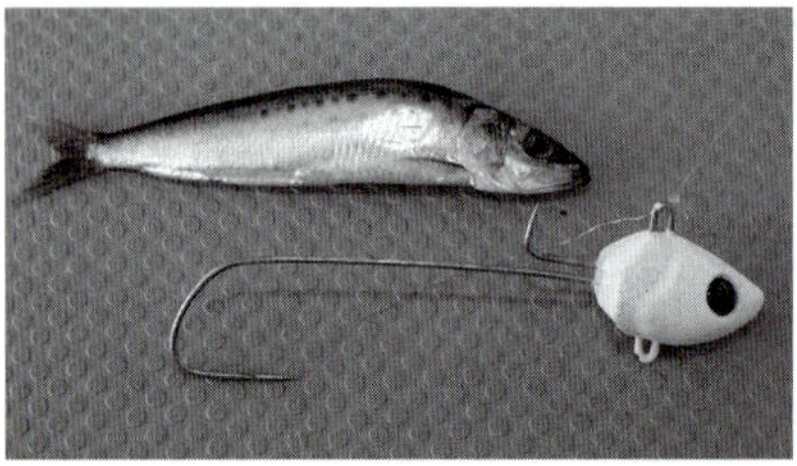

テンヤに冷凍イワシをきっちりセットできないと、まず釣果は見込めない。重要ポイントだ

イワシの場合はヘッド後部にイワシの頭をぴったり付け、ハリ軸上に沿わせてピンに腹側を刺し、付属の針金で巻き付ける。硬い頭部はきつめにしっかり、回数も多めに巻き、軟らかい胴体の部分は巻き数を少なく。ハリのフトコロまで巻いたら前方へ巻き返し、再び頭部でしっかり巻いて最後に余った針金をハリ軸に何回か巻き付けて固定。端は下向きに出さず上方向に向けておく。

注意点はハリの長さとエサの大きさのバランス。エサが大きく（ハリが短く）イワシの胴体がはみ出してしまうようならイワシの頭をカットしたほうがよい。ハリの後端から尾ビレの付け根以降が出るくらいがベスト。イワシの頭の有無でタチウオの食いに影響はない。なかにはとんでもなく大きいエサを1尾丸ごと付けている釣り人を見かけるが、アピール度はあるかもしれないがテンヤの水中姿勢は崩れアタリが出にくく、仮にタチウオが食ってきても、なかなかハリ掛かりしない。

サンマの場合はあらかじめ3枚に下ろしタッパーなどに入れておく。テンヤには開いた身でハリを挟み込むようにしたりと人それぞれ。この場合もハリよりあまり長くしないほうがよいだろう。サンマの皮を表にするか身のほうを表にするかも意見が分かれるところ。サンマを持参する際は、乗船する遊漁船に持ち込みの可否を前もって尋ねておくほうがよい。なかにはイワシ以外の使用を嫌がる船頭さんもいるので注意。

●1本バリでイワシをセット

ヘッドにイワシの頭を付けハリ軸の上に沿わせる

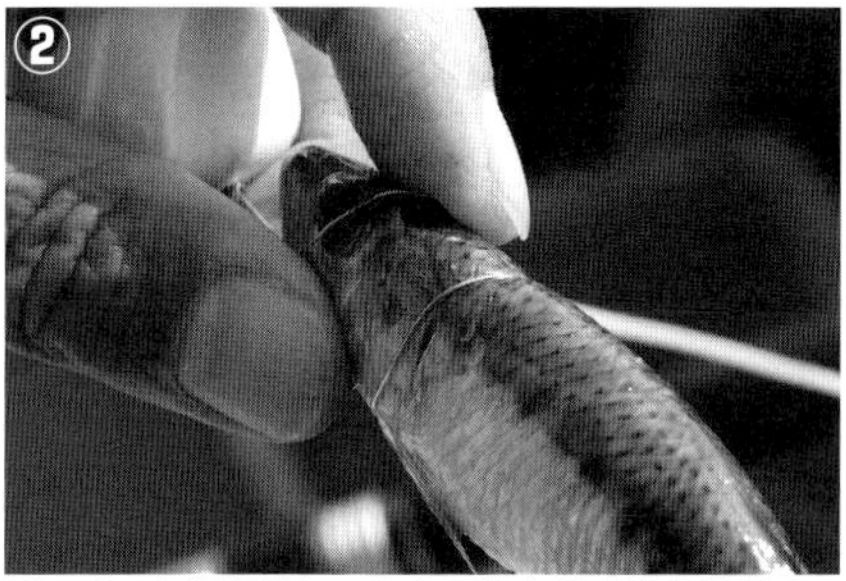

硬いイワシ頭部はしっかり回数も多く巻き付ける

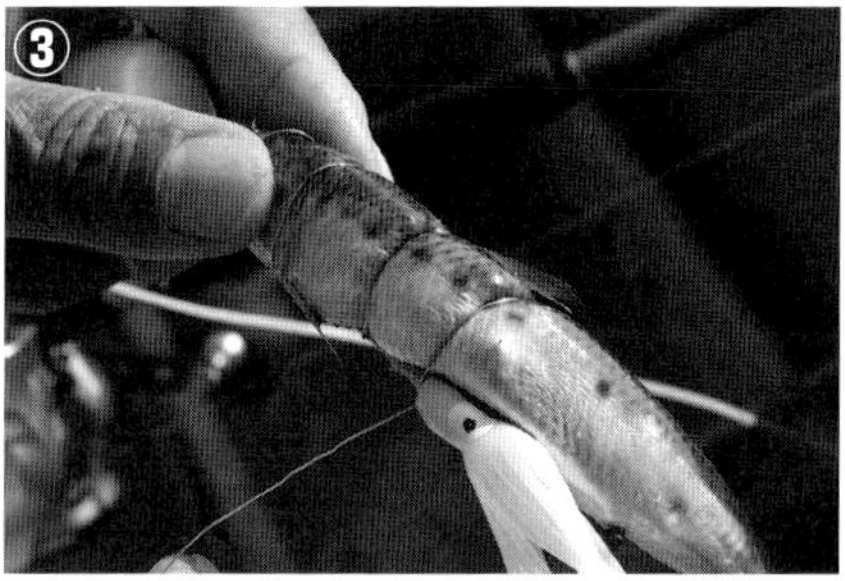

軟らかい腹の部分は粗めにざっと巻く

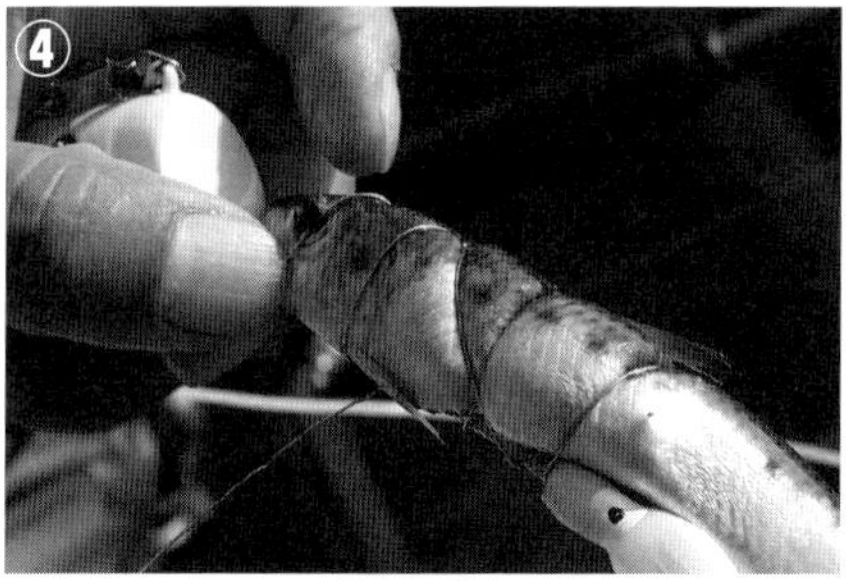

ハリのフトコロから前方へ巻き返す

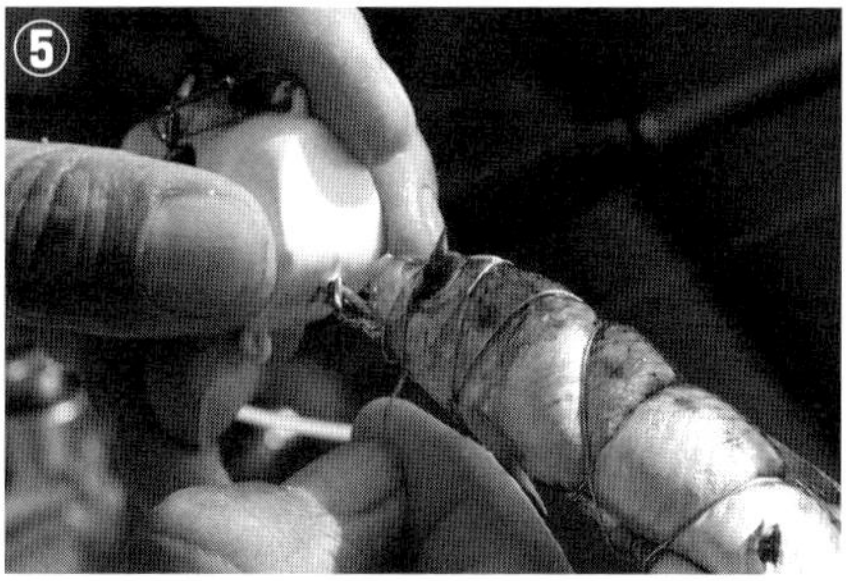

頭部にしっかり巻き付け針金の余りはハリ軸に巻いて固定すれば完成

使用するテンヤ、エサの種類は変わってもハリの後端からエサをあまり長く出さないことが大切だ

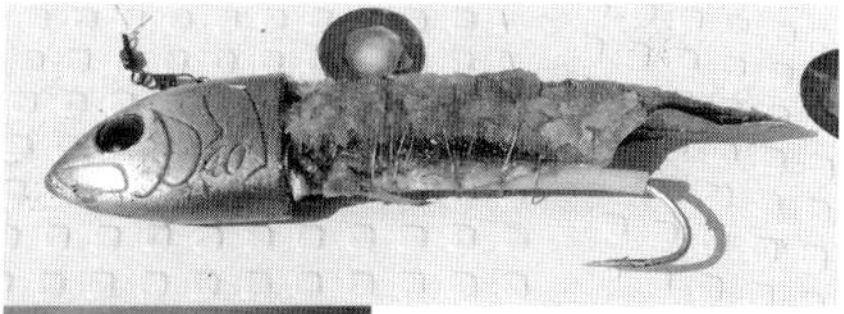

サンマを使う場合はあらかじめ3枚に下ろしておくこと。光る皮側よりも身を表にして巻き付け釣果を上げている人もいる

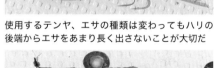

テンヤ釣りの実際①最も簡単な釣り方

基本はスローなタダ巻き。サオ先に反応が出ても、すぐにアワセを入れずサオに重みが乗り曲がり込むまで待つこと

テンヤにエサをセットし、船長の合図で一斉に仕掛けを投入。この際、リールのカウンターをゼロにリセットしておくことを忘れずに。底を取ってからスタートする場合ならまだしも、船長が指示するタナがある場合は、まったく見当外れのレンジを釣ってしまうことになる。

船長から「水深50〜60mでタチウオ映ってますよ」とアナウンスがあったら、テンヤを60mより少し下まで沈めてから巻き上げ開始。いきなりタチウオがいるであろうタナからスタートするよりも、少し下からテンヤを通すほうが効率的だし、潮の流れでラインが斜めになることも多いので、少し多めにラインを出しておかないと、ねらったタナにきっちりテンヤが入ってくれない。

もっとも基本的な釣り方は、いわゆるタダ巻きで、それもスロー巻きだ。底を取った場合は根掛かりを避けるために着底と同時にすかさずリールのハンドルを2〜3回転して底を切る。

巻き上げ速度に決まりはないが、手巻きでも電動の自動巻きにしてもスローもしくはデッドスローが基本。アタリの出具合で速度を調節するが、分からなければアタリが出ている周辺の釣り人の巻き上げ速度を確認するのが近道。

巻き上げ中にコツコツとサオ先に反応が出てもそのままの速度で巻き続けサオにグンと重みが乗るまで待つ。この時にアワセを入れ、タチウオが掛かったら一定の速度でラインテンションが緩まないように気を付け海面まで。途中、タチウオが上を向いて泳ぎ軽くなることがあるが、この場合も気を抜かずテンションが掛かるまで早巻きし、テンヤに掛かったタチウオの存在を確認しよう。

海面にタチウオを浮かせたらサオを立て、ラインをつかんで船内に素早く引き上げる。サオで抜くとテンヤが外れた場合、飛ばされたテンヤが人に当たる可能性があり危険。必ずリーダーをつかんでの取り込みを励行しよう

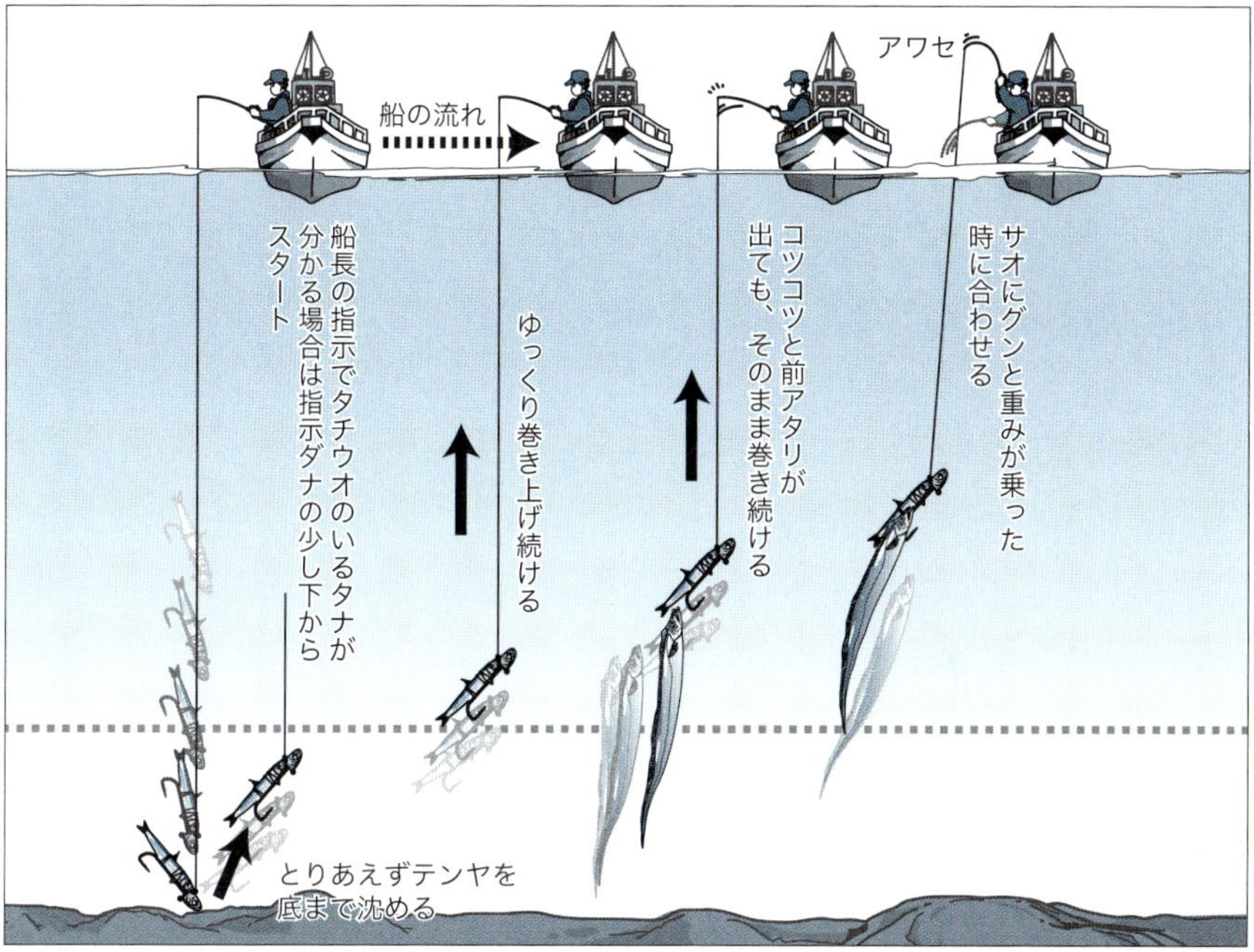

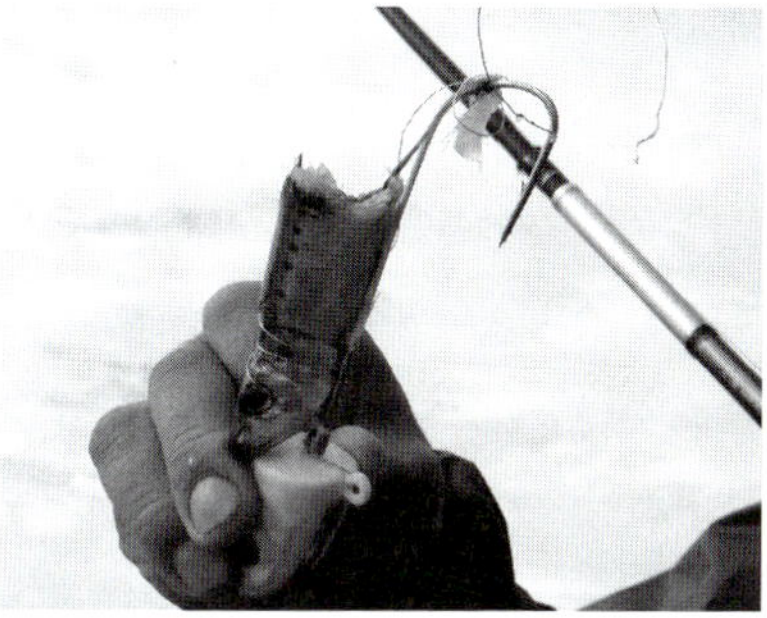

タチウオを海面に浮かせたら必ずリーダーをつかんで素早く抜き上げる。タチウオの歯、テンヤのハリは危険なので周囲の人に気を付けるのはもちろん自分の身体にもぶつけないように。アタリがしばらくない場合はテンヤを回収しエサをチェック。写真のようにエサをかじり取られていたりボロボロになっていたら即交換。特にイワシの尾ビレがないのは致命的

テンヤ釣りの実際②誘いのバリエーション

テンヤタチウオ釣りの面白さは誘って食わせるプロセスにある。とにかくアタリのパターンがさまざまで奥が深い部分だ。基本はスロー巻きだが、それでは掛けきれないタチウオが数多くいる。以下に紹介するパターンがすべてではないが覚えておいてほしい。

①まずはジャーク&ステイ。リールのハンドルを1回転させてからサオでグイグイッと2回シャクり（ジャーク）直後に数秒静止（ステイ）させる。

②ストップ&ゴー。リールをハンドル2回転巻き上げてから数秒ステイ。

③同じタナでのリフト&フォール。数秒かけてゆっくりとサオ先を天に向けて持ち上げ、同じペースでサオ先を水平より少し下まで下ろすのを繰り返す。

これらのパターン中にサオが引き込まれる重いアタリが出た場合は即アワセ。これでハリ掛かりしない場合は、1回ジャークしてからステイで再度アタリを待つ。ラインテンションが緩む食い上げのアタリが出た場合は、即アワセもしくはイトフケを巻き取ってからアワセ。掛からなければジャーク1回の後、ステイ。これら以外の大小、上下のコツンというアタリは、当たった直後にハンドルを半回転して数秒ステイ。コツンのアタリが大きく間隔が短い場合は素早くリールのハンドルを半回転させる。コツンが小さく間隔が長い場合は、ゆっくりソフトに半回転。

いずれのパターンも直後にサオに重みが乗る本アタリが出た場合は、すかさず合わせよう。それでも本アタリに持ち込めない場合は、スロー巻きを含めた各パターンを繰り返すのだ。

テンヤ釣りはタチウオの口内にハリを掛けるというより、口周辺のどこかに掛けるのが本筋だ

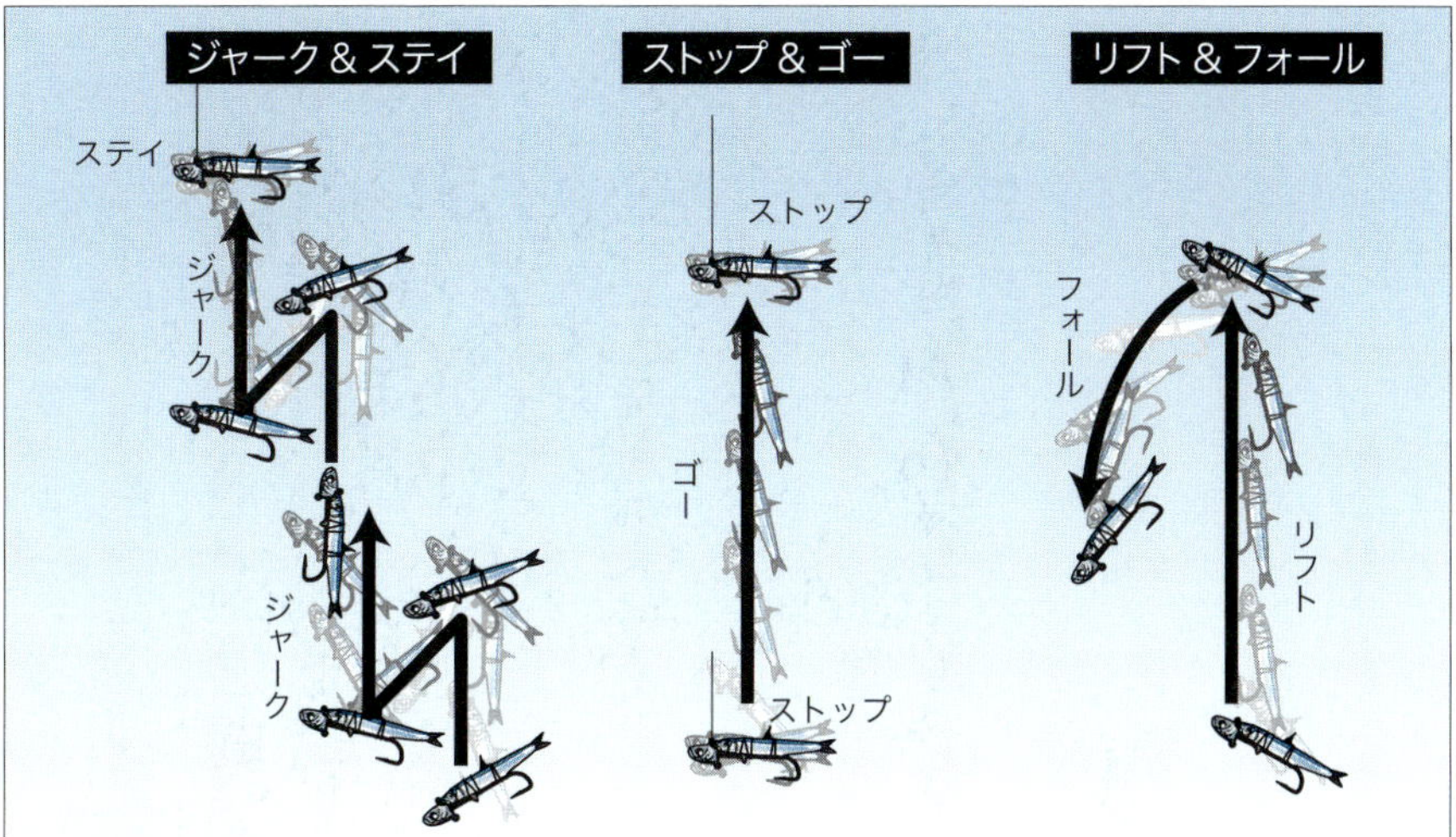

各パターン共通

①サオが曲がり込んだら即アワセ

②サオ先が戻る食い上げのアタリが出たら即アワセまたは素早くイトフケを取ってアワセ

③コツンという小さなアタリ（上下）
すぐにハンドル半回転の後、数秒ステイで本アタリを待つ

さまざまな誘いを駆使し繊細な前アタリを本アタリにまで
持ち込むのがテンヤ釣りの醍醐味だ

ライトテンヤ釣法

ライトテンヤ釣法、ライトテンヤタチウオという釣りは東海地方、駿河湾発祥の釣りである。西日本で一般的なテンヤとは違う独特のテンヤを使い、セットするエサもイワシ丸ごとではなくサンマやサバの切り身だ。

専用テンヤは下向きフックとテンヤ上部に付いた小さなエサフックが特徴。そしてシマノの『サーベルマスタードラゴン』でウエイトは20～60g、一般的なテンヤ40号は150gなので非常に軽いものを使うのだ。20gが5・5号ほど、60gが16号（テンヤ下部にオモリを追加することもある）なので、そのライトさが分かるだろう。

使用するタックルも軽いテンヤに合わせて非常にライトだ。ロッドはソリッドティップを採用した専用品も市販されているが、全長2m強のイカをねらうメタルスッテ、ティップラン用やタイラバ用、ひとつテンヤ用のタックルが流用できる。ラインもPE0・5～0・8号を使い、リーダーだけは歯が鋭いタチウオがターゲットなのでフロロカーボン5号を3～5mと長く取る。そのリーダーをより切れにくくするために保護パイプ5㎝を被せる。またベイトタックルだけでなく、浅いレンジを釣る際にはスピニングタックルの使用が可能なのもライトな釣りならでは。

これらのリグ、タックルを使いタナを取ってフワフワ、コツコツという前アタリを察知し、さまざまな誘いを繰り返してサオ先がしっかり引き込まれる本アタリを待って合わせて釣るのがライトテンヤタチウオなのだ。

とにかく軽いテンヤ、水切りがよい極細のPEライン、敏感なライトタックルを使うため、一般的なテンヤ釣りよりも水中感度が高くアタリが多く出るといわれており、駿河湾だけでなく全国に広まりつつあるようだ。釣れるレンジも水面下5mから最深で180m、日中も夜間も威力があるという。ただし、まだ新しい釣りなので一般的なテンヤ釣りの船での使用は注意が必要。必ず船長の許可を得てからが鉄則だ。自分1人ライトなテンヤ、ライン、タックルで釣りをすると、他のテンヤとの落ち方やライン角度が変わるのでオマツリの原因になり、迷惑をかけてしまう。現状ではライトテンヤをするアングラーで貸し切ったチャーターボートでの釣りがベストだろう。

軽量で独特のテンヤに切り身のエサをセット。極細 PE ラインに浅いレンジではスピニングリールの使用も視野に入れたライトタックルで行なう「ライトテンヤタチウオ」はスリリングな釣り。高感度なライトタックル使用でアタリが多く、リールのドラグ調整をきっちり行なうことでドラゴン級までモノにできる

テンヤ下にトレブルフックを取り付けたりオモリを追加したりと、さまざまなアレンジができる釣りでもある

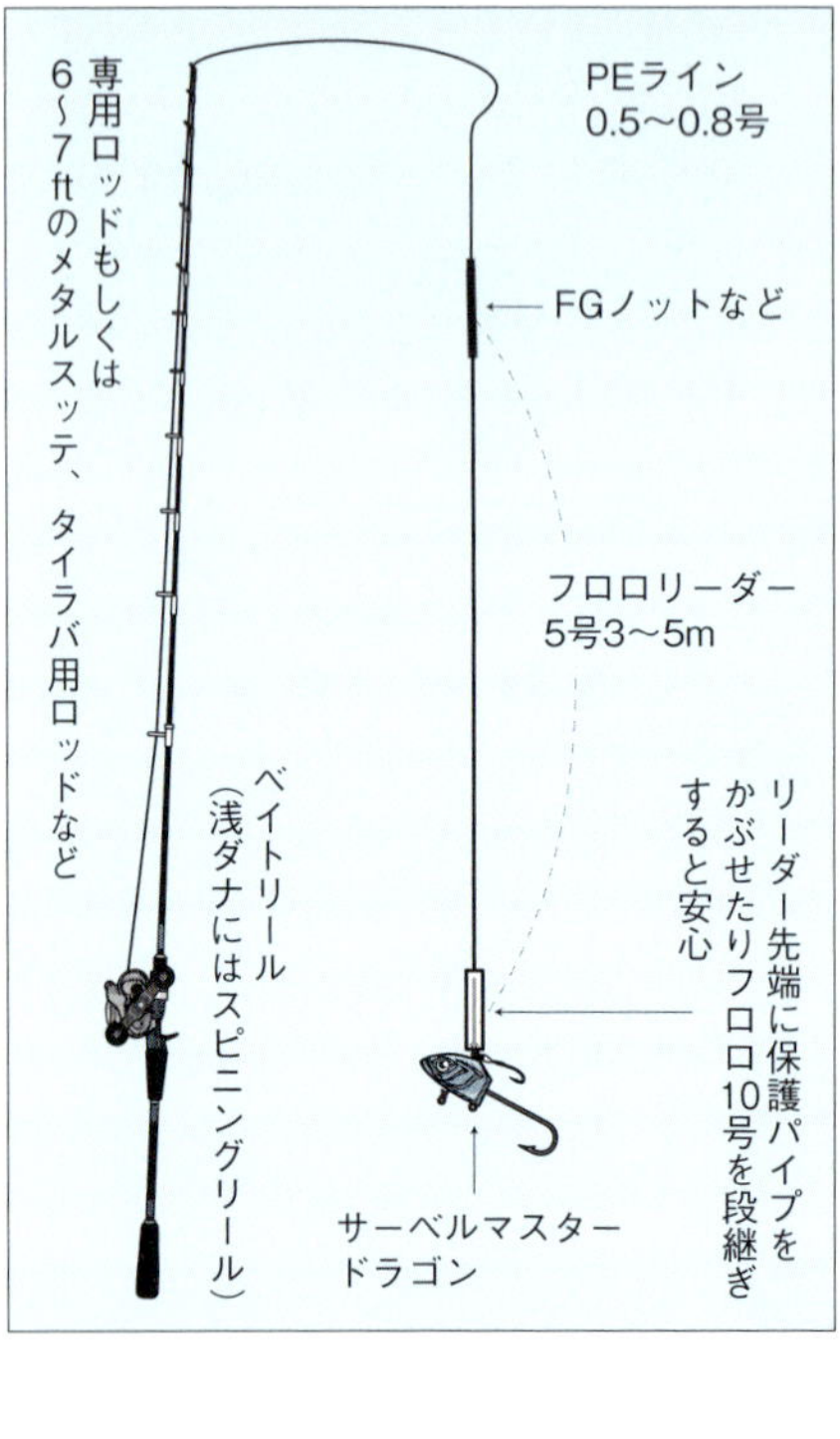

●サーベルマスタードラゴン

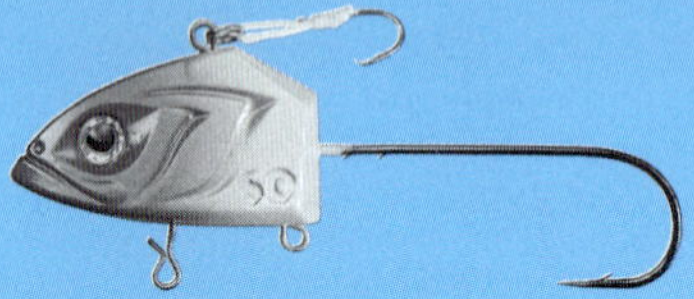

ライトテンヤタチウオ専用テンヤ。20～60gの5サイズでカラーはパープル、グロー、レッドヘッド、オールピンクの4種。ヘッド下部には「錘簡単着脱フック」やトレブルフックが取り付けられるラインアイも付いていおり自由度が高いのが特徴

エサはサンマやサバの切り身を使用。テンヤ後の下向きフックに皮側を上にして縫い刺ししエサフックで身がズレないようにする

フィッシュグリップを活用しよう

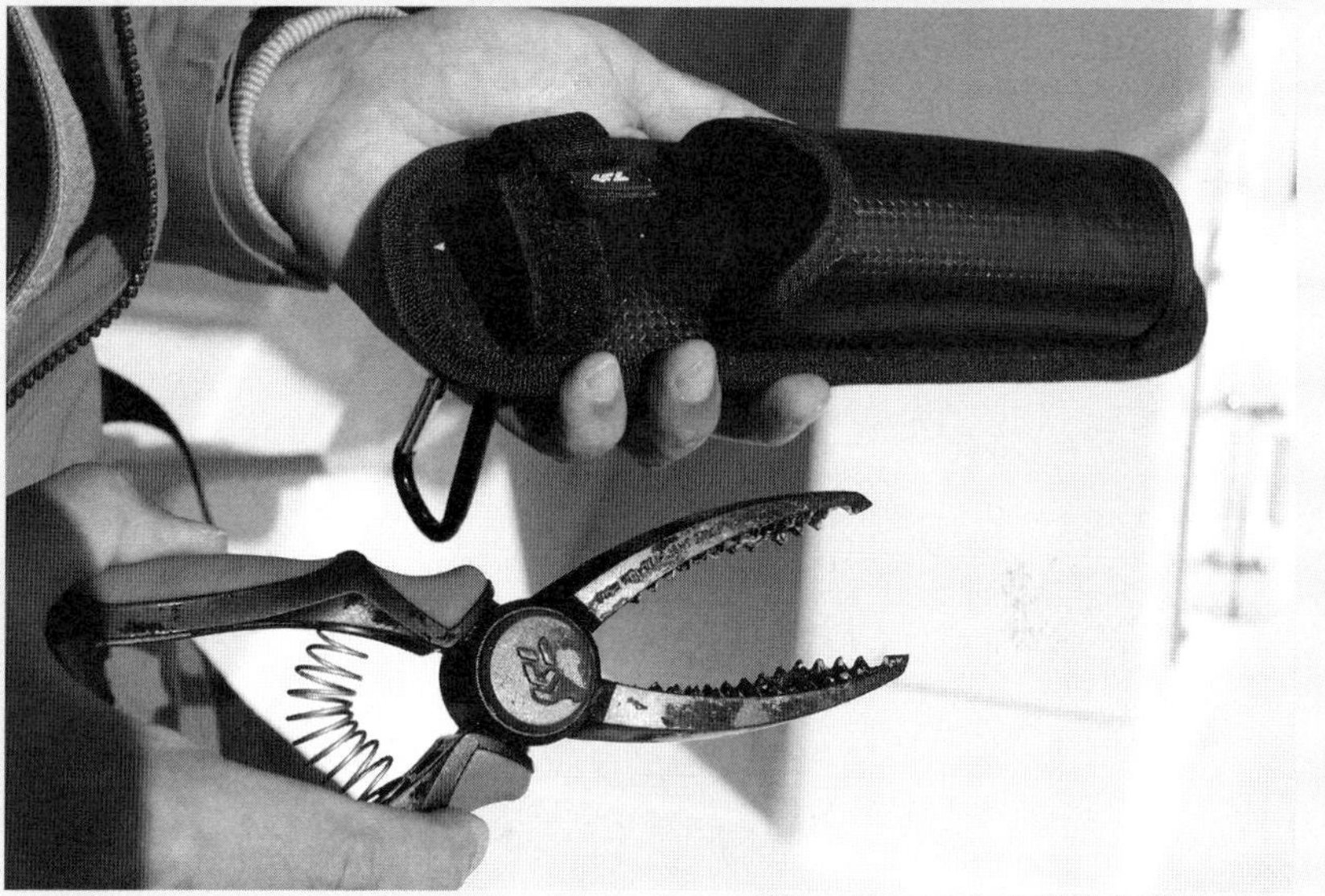

タチウオが少々暴れても、しっかりつかんでおけるグリップが望ましい。エラブタの後ろあたりをつかめば滑りにくく、しっかりホールドできる

■釣りあげたタチウオは陸っぱり、船釣りを問わず素手では触らないようにしたい。つかみどころが悪ければ鋭い歯でケガをしてしまう。という理由でフィッシュグリップが欠かせない。多くのメーカーからいろいろなものが発売されているが、タチウオのボディーや頭部をしっかり挟み込めるものがよい。せっかく購入しても持参し忘れた際は最低でもタオルやボロ切れを使い直接触れないようしよう。クーラーやイケスに入れて動かなくなったタチウオでも素手は禁物。釣果を他の容器に移す際にもフィッシュグリップがあれば安心だ。フック、ハリを外す際も注意が必要。船用のテンヤや引き釣りテンヤの場合はヘッド部分を持って外せばよいが、ルアーのトレブルフック、アシストフック、ウキ釣りのハリなどはプライヤーやペンチの使用が鉄則。

ジギング

船からのオフショアジギングは、沖へキャストしてジャークしながらルアーを引いてくる陸っぱりとは違い、基本は真下に落として引き上げる、いわゆるバーチカルジギングだ。テンヤ釣りが盛んな大阪湾などでは後発の釣りではあるが、ゲーム性の高さゆえに人気があり特に若いアングラーにはファンが多い。

小型のルアーガイドサービス船の場合は沖合のポイントだけでなく
港湾部でのタチウオねらいも可能

遊漁船もテンヤ釣り同様、大阪湾岸の各所から出船するが、ジギングの場合はルアー専門の船の場合が圧倒的に多い。なかにはテンヤ釣りとジギングの両方を乗り合わせたお客さんの好みで同時に行なえる船もなくはないが非常に希。

また大型の乗合船だけでなく、普段は港湾部でシーバスをねらっている小型のガイド船なども、タチウオの時期になると神戸沖や洲本沖にやってくる。こちらの場合は圧倒的に少人数でのチャーターだ。

潮回りに関しては大潮の日はよろしくない。ポイントが明石海峡や紀淡海峡の海流の影響をモロに受ける海域なので、潮位差が大きい日はとんでもなく潮が速いため釣りにくいだけでなく、もともと捕食が下手なタチウオがルアーに食い付きにくくなるからだ。ある意味、エサを使うテンヤ釣り以上に潮回りに神経質なのは、この海域では潮が速い日ほど濁りが入る傾向にあり、タチウオにルアーをなかなか発見してもらえないというのが理由だろう。

潮がぶっ飛ぶ大潮の日にはタチウオジギングでの出船を見合わせる遊漁船もあるほどなので、釣行は小潮や若潮、長潮などの日がおすすめだ。

テンヤ釣りに負けず劣らずの高いゲーム性
があるタチウオジギングは若いアングラー
を中心に人気の釣り

オフショア用のメタルジグ

使用するのはメタルジグ。大阪湾の場合、ポイントの水深がほとんどの場合60〜90mなので、100〜200gのものを使用する。水深20mほどの浅い港湾部で釣りをする場合は陸っぱり用の軽いものでOKだ。どんなジグでも釣れないことはないが、タチウオはかなりの気分屋なので、タイプやカラーのバリエーションをできるだけ多く用意したほうがよい。また近年はタチウオのスペシャルカラーとしてグローベースのゼブラ柄が多数発売されているので、ぜひ揃えておきたい。

大阪湾でのメインは120g前後。ウェイトバランスや形状、カラーなど当日のシチュエーションで試行錯誤しながら当たりジグを探すのが楽しい

メタルジグは2タイプを使い分けたい。まずはセンターバランスのジグ。タチウオジギングではこれがスタンダードだ。ジャーク時は多少揺れながらスラロームする感じ、フォール中は横になってヒラヒラと落ちる。背中と腹部分がフラットな構造のものはフォール中のフラッシング効果もある。基本的には巻きを中心に使うジグだ。

もう一方は早巻きにも対応できるがスローに誘えるタイプ。いわゆるスロー系でセミロングのメタルジグだ。特にタチウオの食いが渋い場合、スローに引いて左右にアクションするものが粘り強く誘えるので有効。フォール時、左右にスライドしながらスッと落ちてくれると広範囲にアピールできる。

この2タイプで結果が出にくい時、たとえばタチウオが追っているベイトフィッシュが小さい場合、タングステン素材などの高比重で、シルエットが小さいメタルジグも持っていれば釣果に結びつくことが多い。早く沈下してくれるので手返しアップにつながるし、潮が速く底が取れない場合にも有効だ。

●ダイワ 『鏡牙ジグ』はベーシックとセミロングの２タイプがあり、ベーシックはセンターバランス、スリムなノーズで引き抵抗が小さく素直なフォールアクションが特徴。80 ～ 200g の５サイズ。セミロングは食い渋るタチウオに有効なスローピッチで威力を発揮。80 ～ 200g の５サイズ

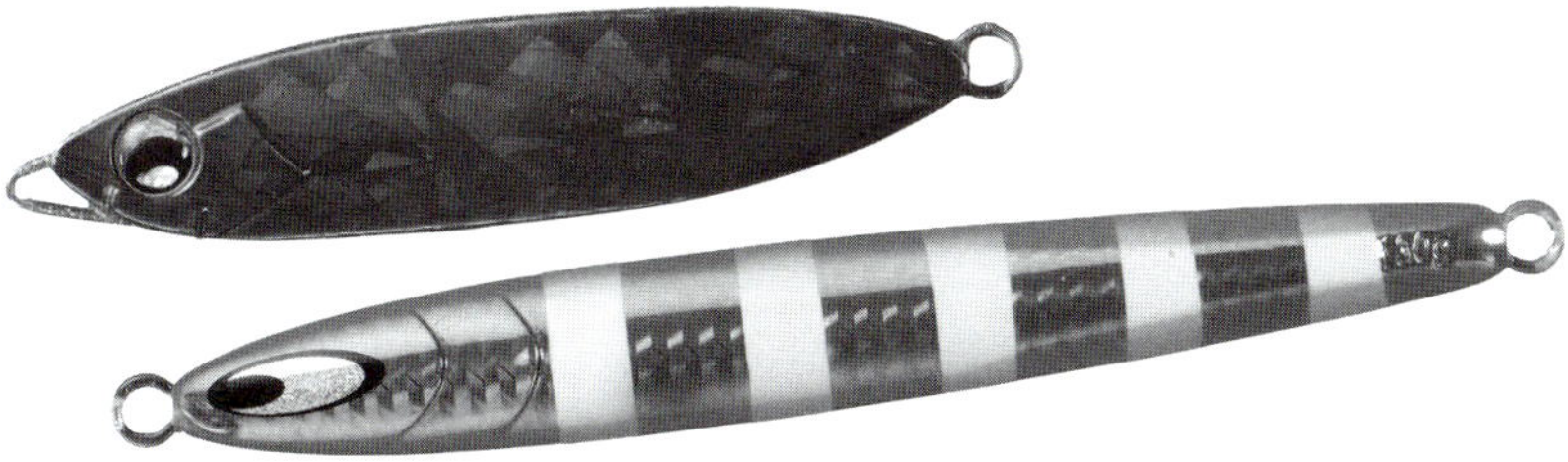

●シマノ 『サーベルチューン ワンピッチ』はワンピッチジャークに特化し底が取りやすいセミリアバランス。太く短いシルエットでジャーク時の飛び過ぎを抑制。切り返しの速いスライドフォールでベイトのパニックアクションを再現。80 ～ 200 ｇの６サイズ

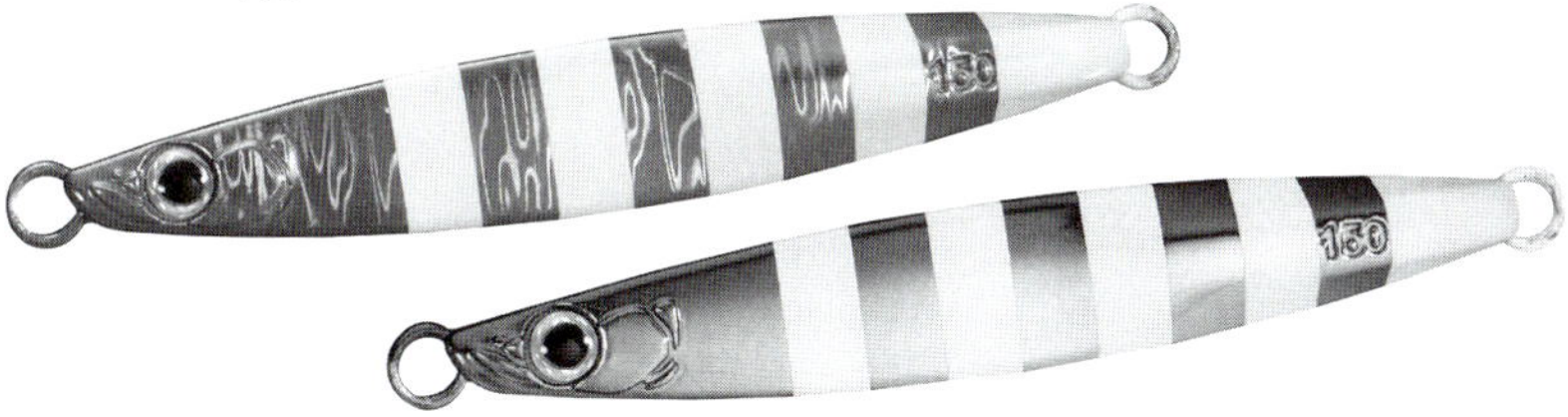

●マリア 『バイラバイラ』はリアバランスで沈下が速く、スリムノーズ形状による軽い引き抵抗と移動距離が短いショートスライド設計でテンポよく釣れ、オマツリを避けられるタチウオ用のジグ。100 ～ 200g の４サイズ

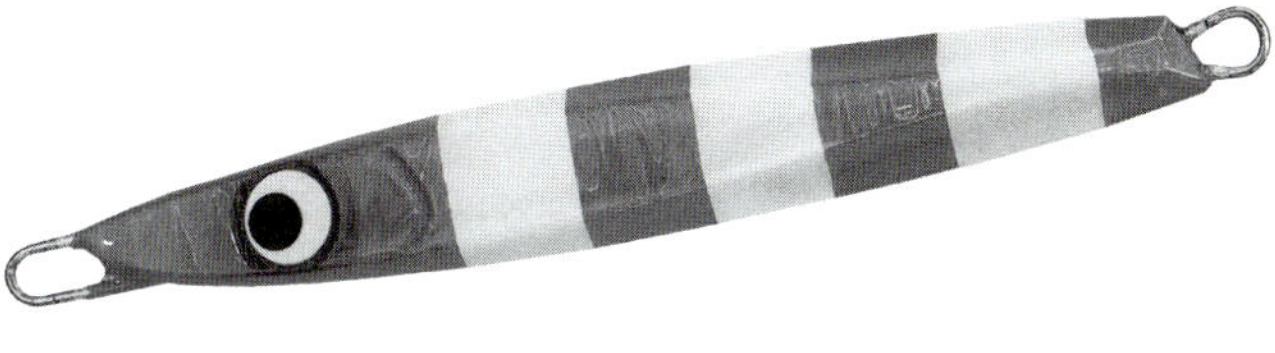

●ジャッカル 『アンチョビメタル TYPE-ZERO』はタチウオジギングに必要な要素をすべて詰め込んだ万能メタルジグでルアーチョイスに迷ったときに頼りになる。80 ～ 200g の５サイズ

ジギングタックル

タチウオのアタリと引き味が楽しめ効率よく釣れる専用タックルをおすすめしたい。タチウオジギング専用ロッドの特徴は、ティップからバット部分までかなり軟らかく、タチウオの小さなアタリ、フォール中のアタリまで取りやすくなっている点。軽量かつ粘り強いブランクスのロッドなら、曲がりを楽しみながらスリリングな釣りが楽しめる。

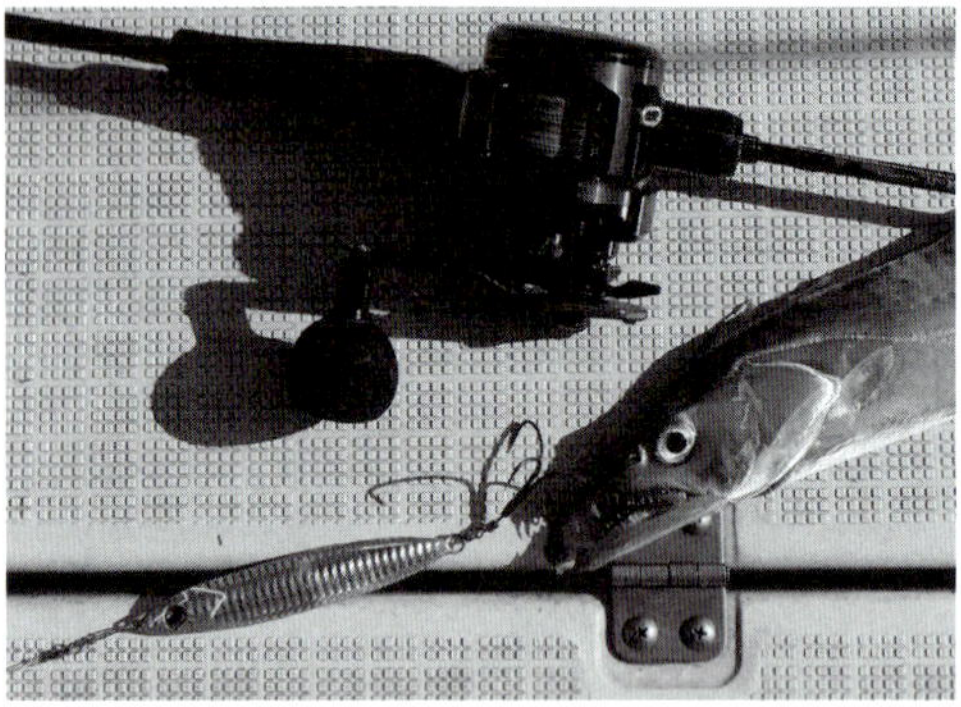

タチウオジギング専用のロッドも数多く市販されているので便利になった。１本持っておけば間違いない

このような、しなやかなロッドは初心者が使用した場合でもメタルジグが海中で必要以上に暴れず、ラインスラックも出にくいためオートマチックにタチウオを乗せることができる。そんなタチウオジギング専用ロッドに味付けが近いスロージャーク用も代用できる。

タチウオジギングは基本的にスローテンポでジグをシャクる釣りなので、またフォール中のバイトも多いため、リールは軽量で回転が滑らかなベイトリールがおすすめ。特にハイギアタイプが理想だ。速い巻き上げができるのでラインスラックを極力出さず、ラインが噛みきられてブレイクするのを防いでくれるし、ジグの回収も早い。手返しがよくなり、結果、釣果もアップする。

ラインは伸びが少なく高感度のＰＥ。潮の抵抗、アタリの取りやすさを考えると０・８号、太くても1号を使いたい。リーダーはフロロカーボンで20〜30lbを５ｍ。さらにジグの近く、よく噛まれて傷みやすい部分には、フロロより耐摩耗性に優れるナイロンリーダー50〜80lbを先イトとして50〜１００cm接続しておけば、タチウオに噛まれても簡単には切られない。フロロリーダーはＦＧノット、ＰＲノットなどの摩擦系ノットで連結し、フロロリーダーと太いナイロンリーダーは電車結びなどで連結。ジグをセットする部分にはスナップを使用する。

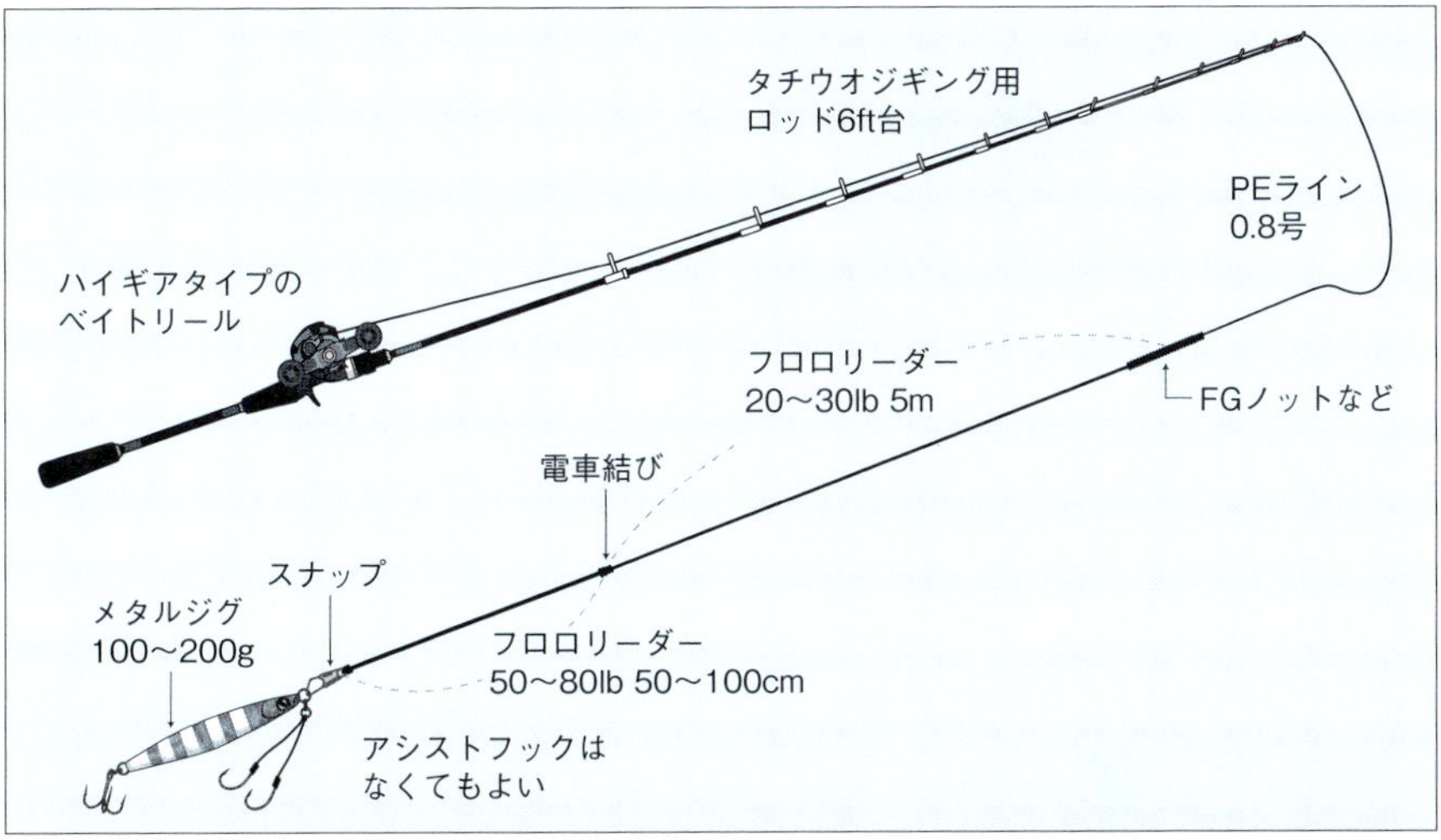

タチウオジギングには青もの、大型ロックフィッシュなどをねらうようなパワフルさは必要ない。しなやかによく曲がり適度なバットパワーを持つロッドが最適。長さは6.3ftくらいが使いやすい。ベイトリールは右ハンドル、左ハンドルどちらでも。ルアー操作重視の場合は利き手にロッド、巻きを優先する場合は利き手でリールのハンドルという選択もあり

メタルジグにセットするフック

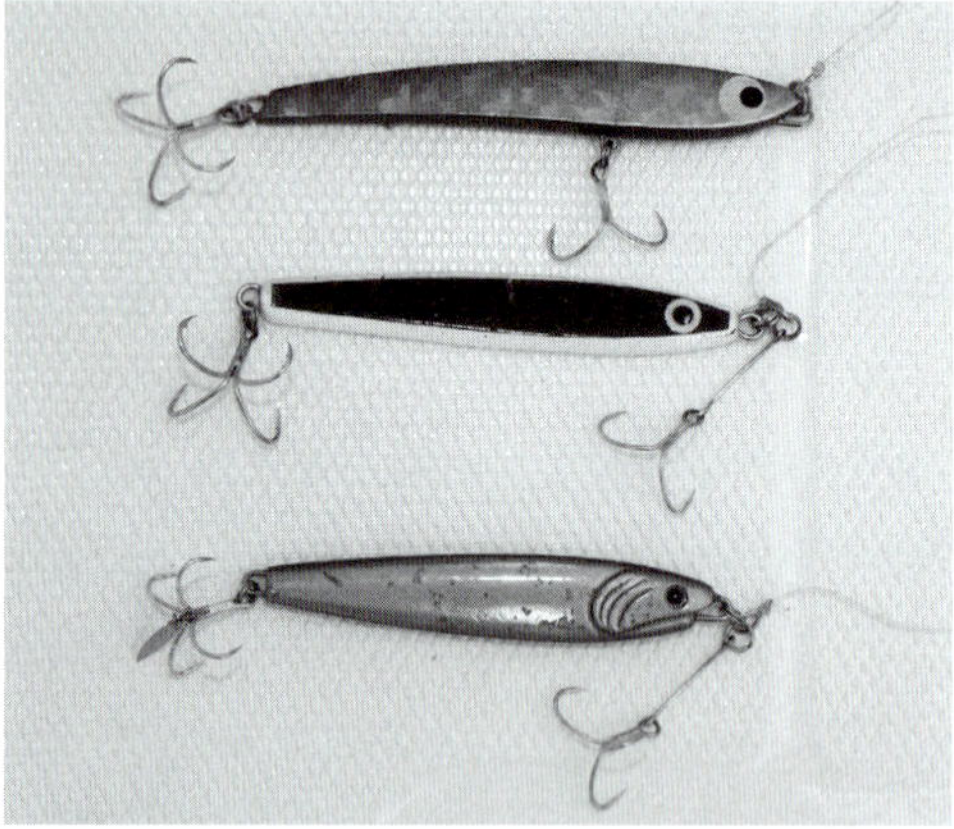

フックは魚釣りで一番重要なタックル。専用品を使用することで釣果アップ、大型をバラす率も減少する

　タチウオジギングでメタルジグにセットするフックは、細軸のバーブレス（カエシなし）がベストだ。一般的な太軸でカエシがあるフックよりも抵抗が小さいため、じゃれつくようなタチウオのアタリでも深く刺さり込む。またヒットしたタチウオが反転して突っ込んだり、頭を激しく振ることがないためバーブレスでも外れにくい。ただ船上に引き上げた際は自然に外れることも多いので注意が必要だが、逆にいえばフックを外しやすいということでもある。

　アングラーのなかにはショウサイフグを掛けるカットウ釣りで使用されるハリを流用する場合もあったが、現在はタチウオジギング専用として市販されている。

　3本バリ、4本バリのタイプがあり、掛かりは4本より遅いがより深く刺さり込むのが3本バリ、掛かりは早いが3本バリにくらべて掛かりが浅くなる傾向にあり多少バレやすいのが4本というふうに覚えておくとよいだろう。

　またジグとの接続部分にスイベルを採用したフックもある。フックに掛かったタチウオが身体をよじって逃げようとするときにがフックが回転することでフックアウトを防止してくれる。

　アシストフックは必ずしも必要ないように思う。ほとんどメタルジグ下の本フックに掛かっている印象が強いが、リアのフックが万が一外れた場合のバレ防止の保険のためにセットしておいても邪魔にはならない。このアシストフックもタチウオジギング専用で、バーブレスのシングルフック2本セットになったものが市販されているので利用するとよいだろう。

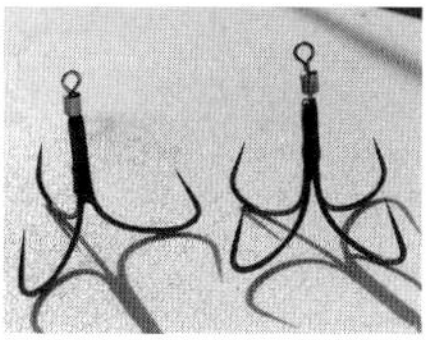

メタルジグのリアには触れるだけで掛かりやすいバーブレスがベスト。摩擦係数が非常に小さい表面処理が施されていたり接続部分にスイベルを装備するなど、より深く刺さり外れにくい専用フックを選ぼう

ジグのフロントにアシストフックを付ける場合もタチウオジギング用のバーブレスがおすすめ。タチウオ用のジグに専用フックの組み合わせが最強なのはいうまでもない

ジギングの実際。基本的なねらい方

タチウオジギングの基本的な釣り方は、まずメタルジグをボトムまで沈めたらリールのハンドルを素早く2、3回転させて底を切り、船長の指示するタナよりプラス5m上までワンピッチジャーク（サオの上下1回にリール1巻き）で誘い上げてくる。

そのスピードは釣り場や、その日の条件によってまちまちなので最初はやや早めでスタートし、アタリの出方、周囲の人の釣れ具合、船長のアドバイスなどを参考に調整する。最初に使うジグはセンターバランスのもの。

たとえば船長が指示するタナが20mだったら20～25mの間で落としては巻き上げを繰り返すが、5回ほどサーチしてアタリが出ない場合は、一旦ジグを海面まで回収し再びボトムまでフォール。タチウオの視界からジグを完全に消すことで、タチウオの反応がよくなる。

このワンピッチジャークとフォールでアタリが出ない場合は、セミロングのスロー系ジグに交換してスローピッチで誘い、よりフォールを意識した釣りにシフト。フォール中に出るアタリはラインの沈みがストップするパターンが一番多いが、硬めのロッドでラインスラックを小さくし、ゼロテンション気味にフォールさせると、タチウオがジグに噛み付いたアタリがティップに出る。

これでヒットしない場合はタングステン素材などでシルエットが小さいジグに交換。タチウオへの違和感も少なくできるし早く底が取れるため手返しもよく、誰よりもタチウオにジグを発見してもらえるチャンスが増える。潮が速く底を取りにくい場合、ベイトが小さいときにも有効。

捕食があまり上手ではないタチウオをねらうジギングはスローアクションが基本だ

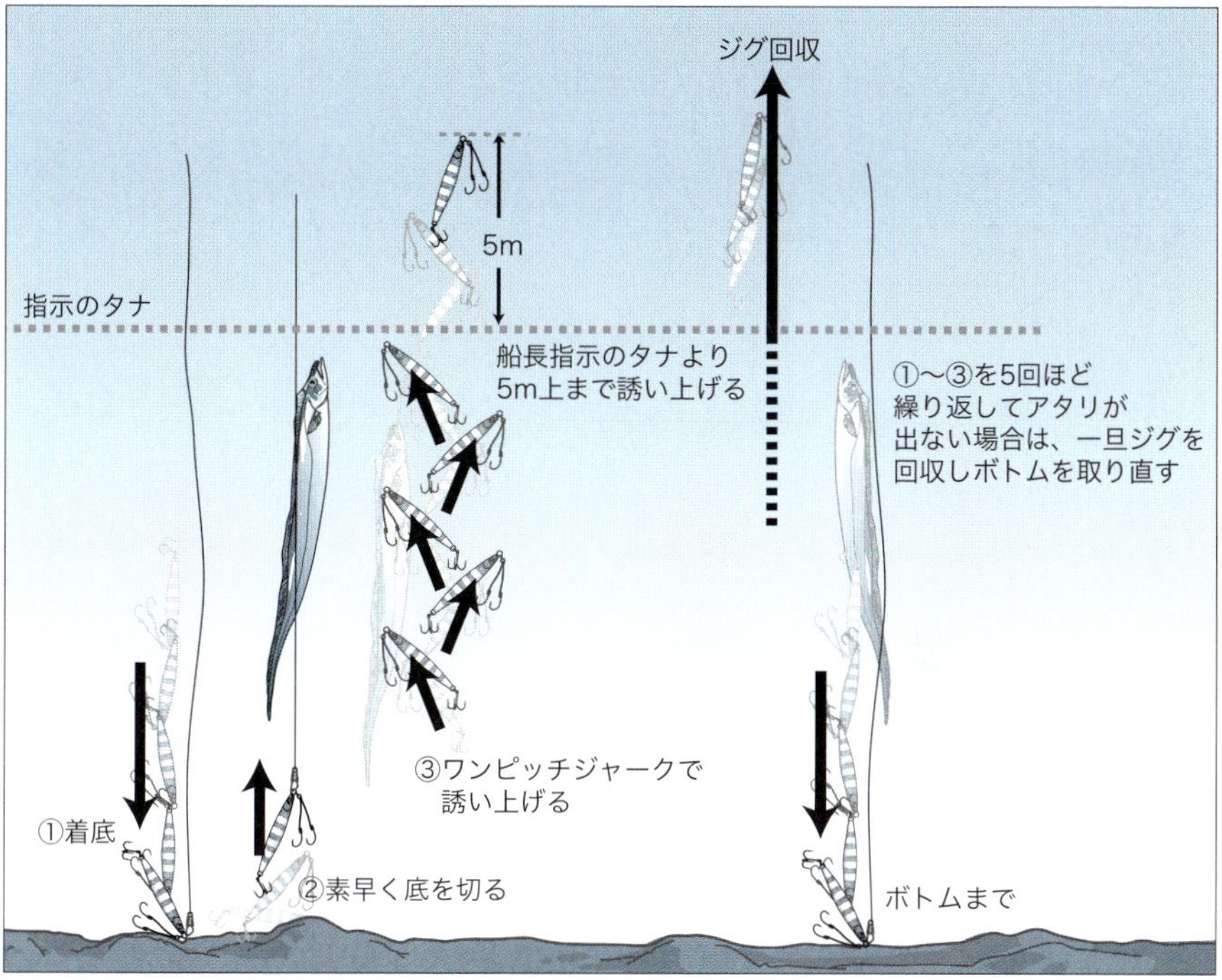

船長が指示してくれるレンジから５mほど上までの間でスローなワンピッチジャーク、フォールを繰り返す。アタリがない場合は一旦、ジグを回収し海面から落とし直すことでタチウオの食い気を誘発できる場合がある

きっちり締めて美味しく食べよう

鯖折りならぬ「太刀折り」が、もっとも簡単にタチウオを締める方法。必ずタオルなどで巻いて作業しよう

キッチンバサミでエラの付け根を切断するのも賢い方法。帰宅後の処理は面倒とハサミを使って頭と内臓を取り身も適当な長さに切って持ち帰る人もいる

神経締めすればなお新鮮。すべての釣果に対しては非常に手間なのでドラゴンなど特別な魚に限り行なうのがよいだろう

■釣りあげたタチウオは新鮮なまま持ち帰って美味しく食べてやりたい。そのためにはクーラーに入れる前に、きっちり締めて血抜きをしておこう。道具不要で、もっとも簡単なのはタチウオの頭をタオルなどで巻いてつかみ、鯖折りの要領でエラブタ付近を折ってしまう。この状態でしばらく海水に浸しておけば血が抜ける。船なら足下の容器などを利用。陸っぱりの場合は面倒だがバッカンなどに水を汲んでその中へ。もしくはキッチンバサミでエラの付け根を切断するのもよい方法だ。ナイフをエラブタから差し込んでエラを切る方法でもよいが、キッチンバサミを使うほうが早く確実。なかには神経締めして持ち帰る人もいる。目と目の間から締め具を差し込む。そのまままでも美味しいタチウオだが、より美味しいに越したことはない。

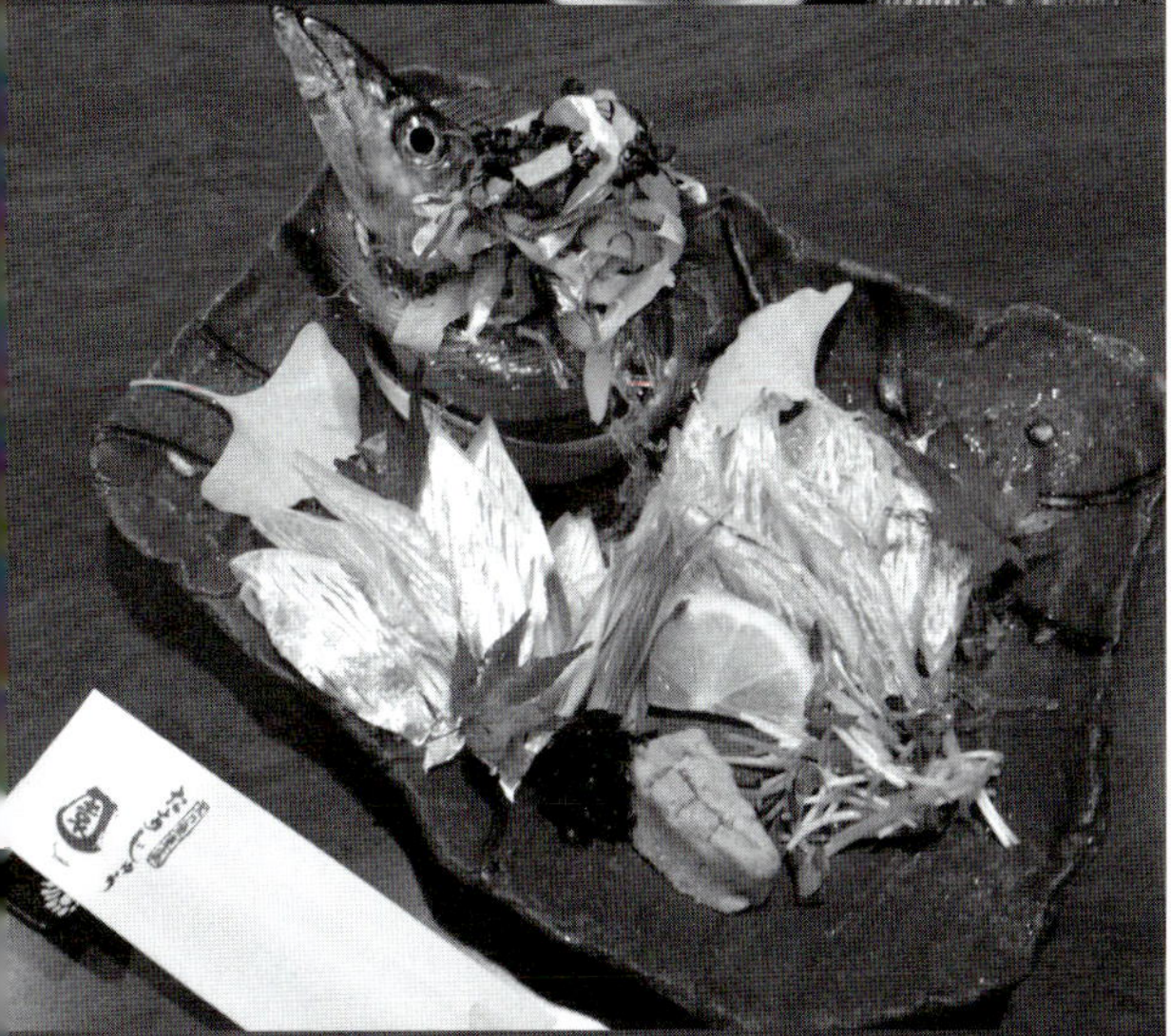

section3

料理編

釣りあげた新鮮なタチウオを持ち帰って美味しく食べるまでが釣りのうち。基本的なさばき方、三枚下ろしから、タチウオ料理の絶品アラカルトを紹介しよう！

タチウオのさばき方。まずは塩焼き&お造り

頭を落として内蔵を抜きブツ切り、塩を振って焼くだけで美味しい塩焼きが簡単にいただけてしまうのがタチウオのよいところ。ただ、ちょっと小骨が気になるという人も多いはず。そんな人にはブツ切りよりは手間がかかるが「三枚下ろし」がおすすめだ。三枚下ろしをマスターすることで、お造りもきれいにできてしまう。

ただマダイやアジなど一般的な魚にくらべて細長く、身も薄いタチウオの三枚下ろしは結構難しい。上手くやらないと背骨の周りばかりに身が残ってしまって……ということも多いはず。実はタチウオの三枚下ろしにはコツがある。慣れた板前さんなどは出刃包丁で綺麗に素早くさばいているが、実はその出刃包丁が素人に三枚下ろしを難しくしているのだ。ではどうするか？　刃先は鋭いが出刃包丁は全体に厚みがあるため、身が薄いタチウオをさばくのが難しい。そこで試してほしいのがペティナイフ。果物ナイフなどと呼ばれているものと同じなので、ほとんどのご家庭にあるだろう。全体に薄く弾力があるペティーナイフならタチウオの身に沿うようにきれいにさばける。

タチウオのお造り。プロのようになかなか綺麗にできないのが難点。三枚下ろしさえ、きちんとできれば……。タチウオに関しては皮を引く必要はない

タチウオ料理の代表が塩焼き。ブツ切りにして焼くだけなので簡単だが……

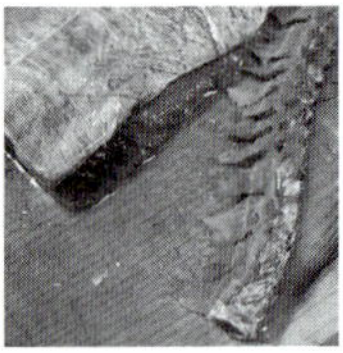

小骨が気になるなら背ビレ付け根の両側から切り込みを入れて根元の骨も外してしてしまうと、ずいぶんまし

●ペティナイフで素早くさばく方法

果物などに使う両刃で全体に弾力があるペティナイフはよく切れるように研いでおく。右利きの場合、タチウオの頭を右に置き、胸ビレの後から刃を入れる

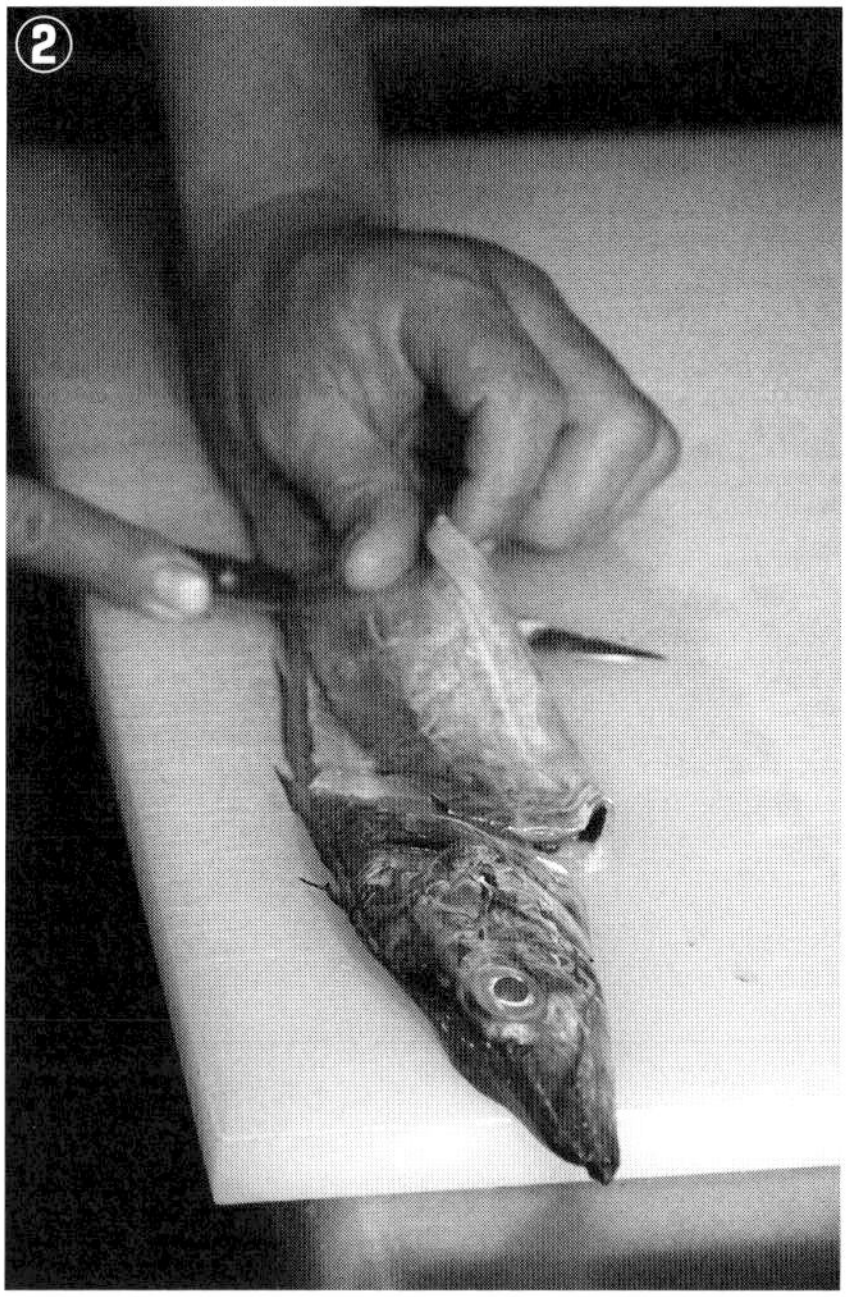

背ビレ付け根の小骨を背骨側に残すように刃先の角度に気を付けて入れ、そのまま腹側の肛門のあたりまで切り進む

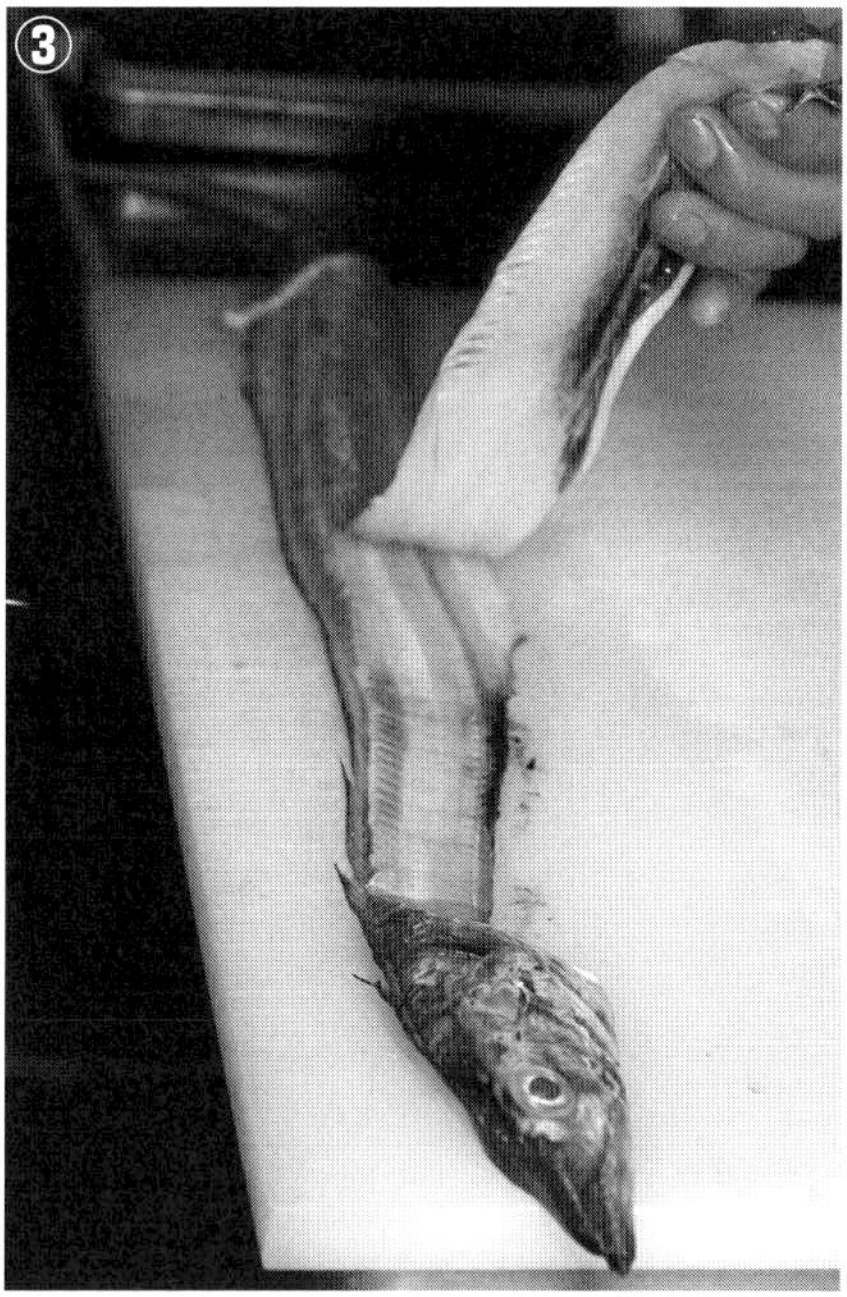

肛門あたりからは刃先を少し上に向け、肛門から後ろにある腹ビレの小骨を一緒にすくわないようにするのがコツ

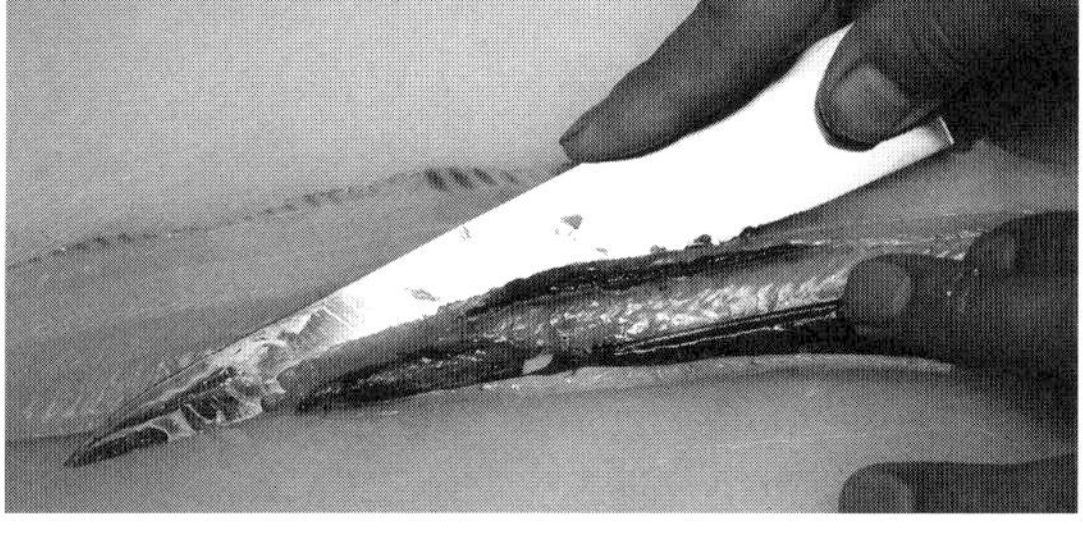

小骨の上に刃が入れば、あとはそのまま切り進むだけ。反対側も同様に。お造りにする場合は黒い膜があるお腹の部分をざっくり切り取る

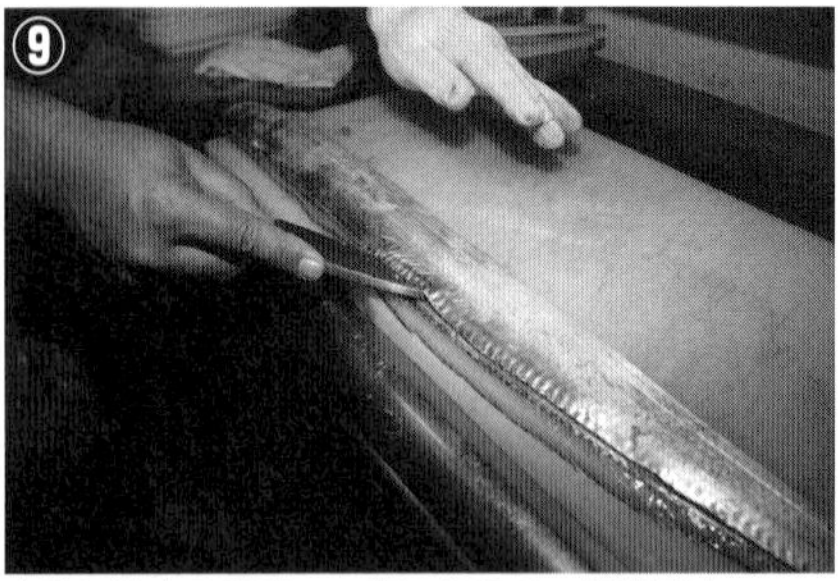

中骨に達する程度で、頭のほうまで切り進む

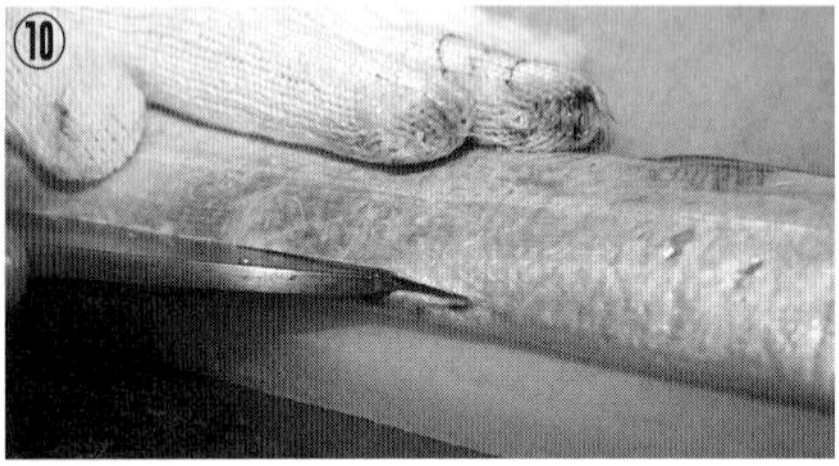

腹側を手前に、肛門から包丁の刃先を中骨に達するまで入れ頭のほうに切り進む。これで中骨の部分だけでつながっている状態

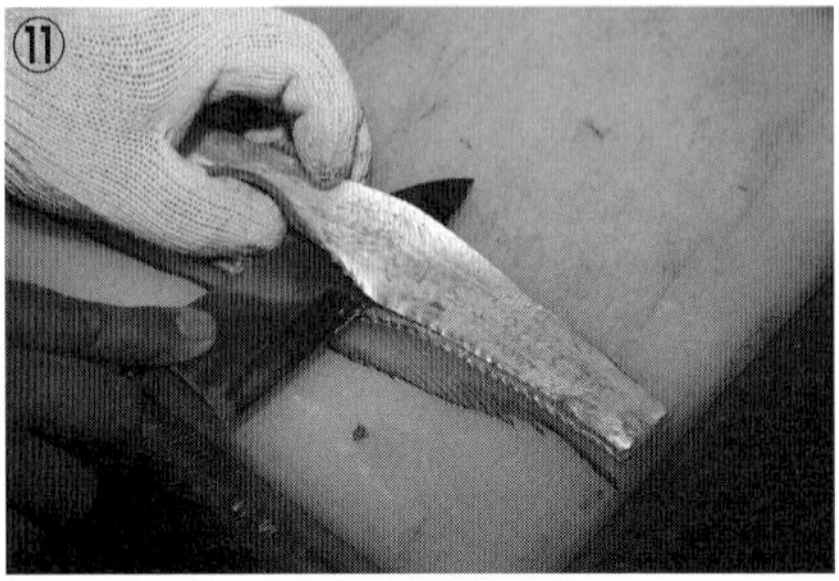

尾の手前に包丁を入れて貫通させる

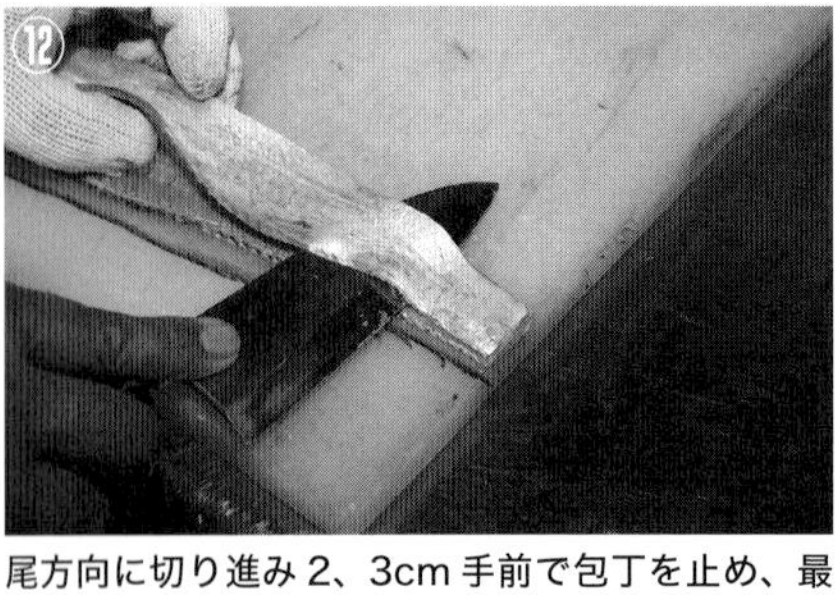

尾方向に切り進み 2、3cm 手前で包丁を止め、最後の部分は切り離さずにおく

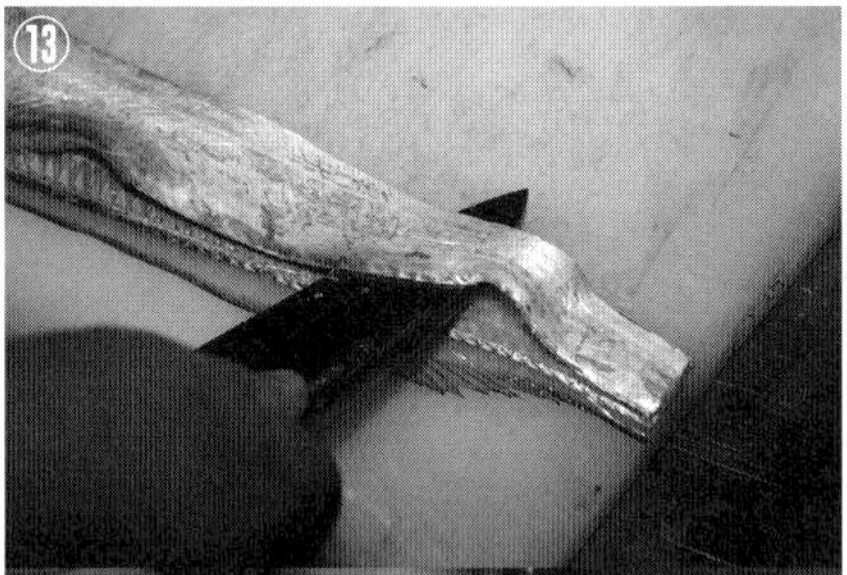

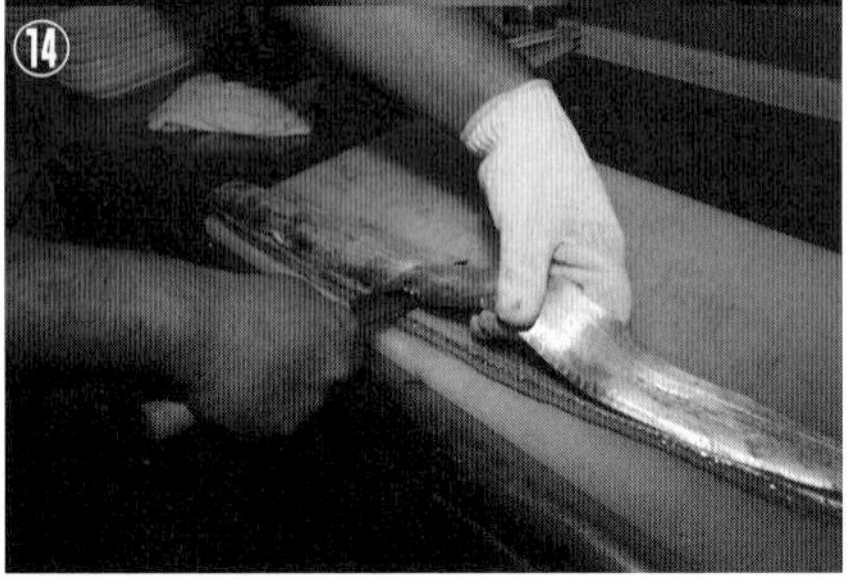

包丁を返しつながった尾の部分に指を入れて押さえながら頭に向かって切り進み中骨を切り離す

最後につながった尾の部分も切り離す。反対側の身も同様に切り離し完成

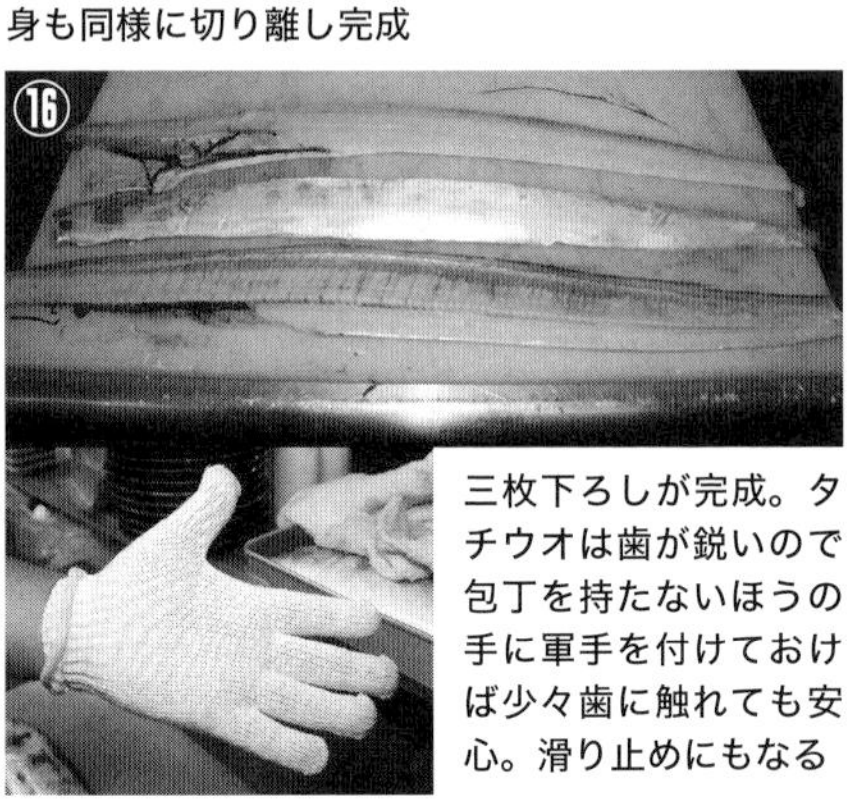

三枚下ろしが完成。タチウオは歯が鋭いので包丁を持たないほうの手に軍手を付けておけば少々歯に触れても安心。滑り止めにもなる

●出刃包丁でていねいにさばく方法

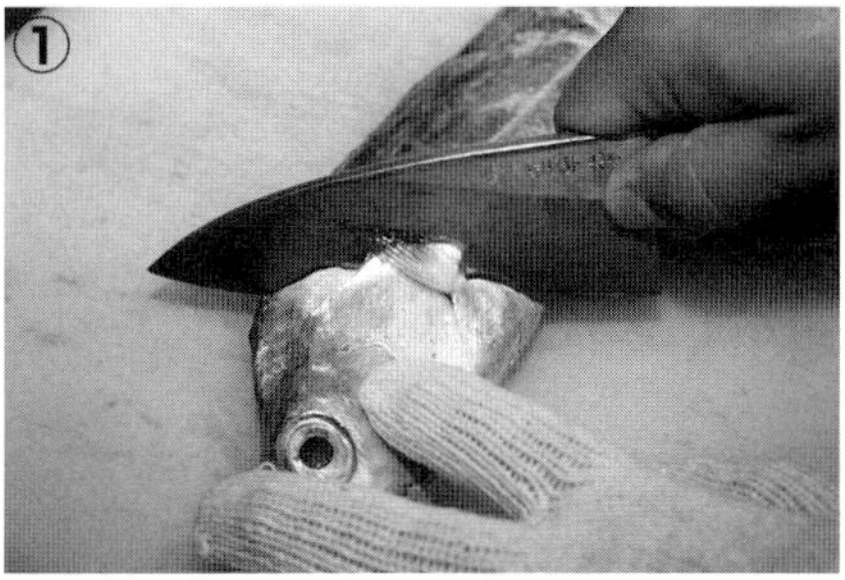

エラブタの後ろから包丁を入れる

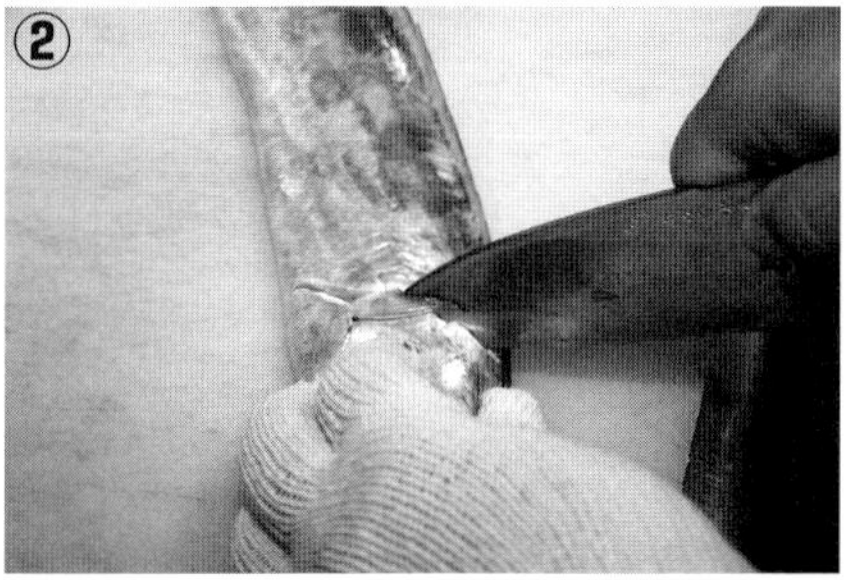

反対側も同じように切る

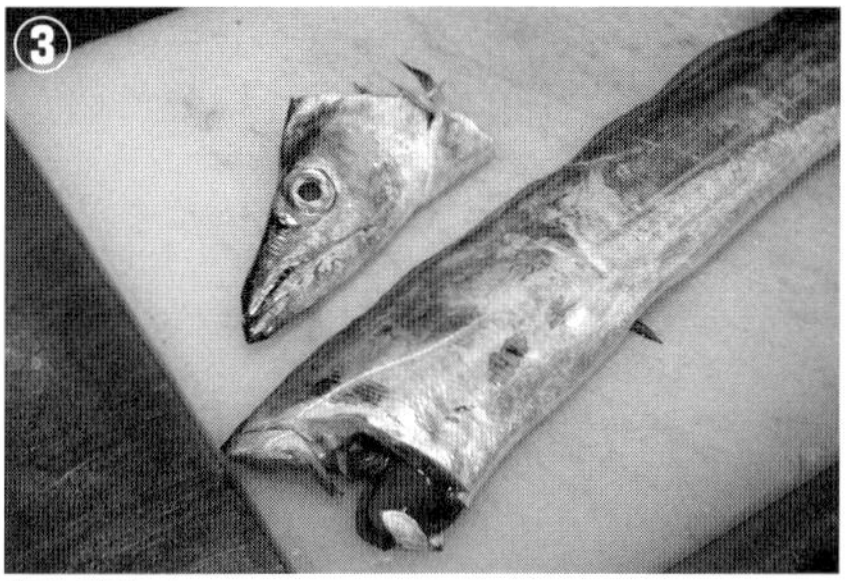

頭を落とす

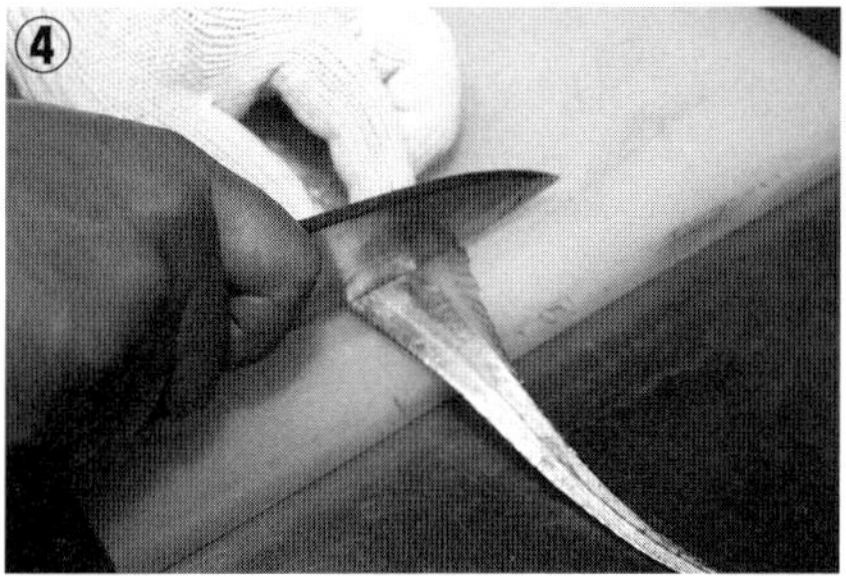

食べる部分が少ない尾も落とす

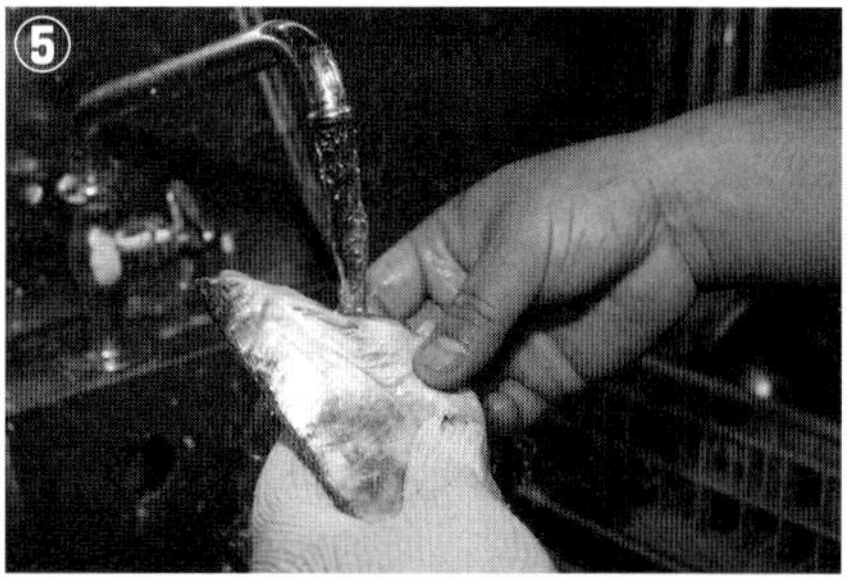

流水で内臓を洗い流す

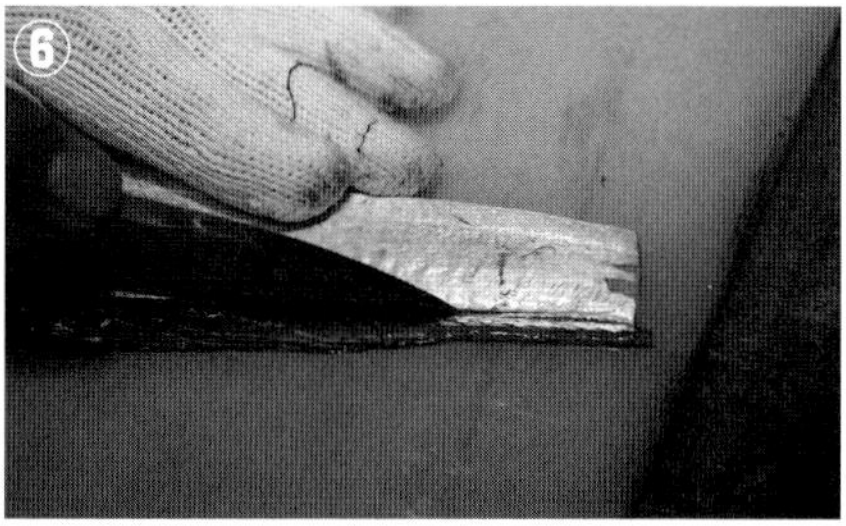

背中側、尾のほうから包丁を立てて背ビレの付け根に浅く切り込みを入れていく

頭のほうまで、すべて切り込みを入れる

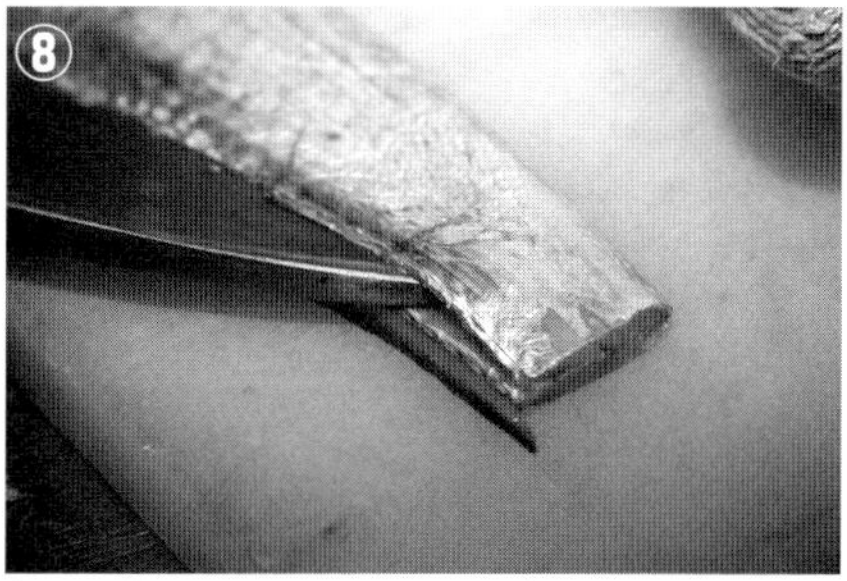

包丁を寝かせ切れ込みに沿って包丁を入れる

タチウオ料理アラカルト

●天ぷら

●材料：タチウオ、天ぷら粉

●作り方
①タチウオを三枚に下ろす
②下ろした身を食べやすい大きさに切る
③身に打ち粉を付ける
④冷水で溶いた天ぷら粉を付けて揚げる
カラッと揚げるコツはキッチンペーパーなどを使い水気をしっかり取ること、天ぷら粉を溶く際に冷水を使ったり冷蔵庫で冷やしたり、とにかく衣の温度を低くすること、多めの油で揚げること。油温は魚介の場合180～190℃。油が少ないと温度が下がりやすいので注意

●骨せんべい

●材料：三枚に下ろしたタチウオの背骨、油

●作り方
①三枚に下ろして残った背骨部分を使う
② 180℃に熱した油に入れる。背骨は頭からグルグルと巻いて油に入れると家庭の中華鍋でも揚げやすい。揚げ時間はブクブクと出ていた泡が出なくなるまで。泡が出ている間は水分が残ってる状態
③食べやすい大きさに切れば完成。お好みで塩を振る

●太刀魚キムチ

●材料；タチウオ、大葉、紅蓼、醤油、ごま油、キムチ

●作り方
①三枚に下ろした身を薄く斜めに切る。中骨はそのままでよい
②身を器に入れ細切りにした大葉、紅蓼（べにたで）を適量入れ混ぜ合わせる
③醤油、ごま油の順に適量入れる
④適量のキムチを入れて混ぜ合わせれば完成
紅蓼とは刺身のツマによく使われる濃い紅色をした小さい葉。料理の彩りをよくするだけでなくビタミンCなどを多く含み、殺菌・抗菌作用もあるのだとか。酸味が強い本場韓国産の熟成キムチが合う

●肝・真子・白子の煮付け

●材料：タチウオの内臓類、酒、砂糖、みりん、醤油、実山椒

●作り方
①タチウオの内臓類をボウルに入れ流水に２～３分さらし、ザルに移してザルの下にボウルを重ねて熱湯を注ぐ
②内臓を崩さないように箸でゆっくりかき回してから湯を切り流水で粗熱を取る
③鍋に移しひたひたの水を入れて火にかける。多めの酒、砂糖適量、みりん、醤油、実山椒を加え落とし蓋をして数分。煮汁が残り少なくなれば完成。実山椒がない場合はショウガでも。アルミホイルやクッキングシートを落とし蓋にするとアクが落としぶたに染み付くのでアク取り不要

●なめろう

●材料：タチウオ、田舎味噌適量、おろし生姜、白ゴマ、ミョウガ（輪切り）、大葉（刻む）

●作り方
①タチウオを三枚に下ろす
②下ろした身を細切りにする。
③細切りにした身を包丁の刃で叩き細かくし、ある程度粘りが出るまで叩き続ける。包丁を左右2本で叩くと早い
④田舎味噌を適量加え、さらに叩く
⑤おろし生姜、ミョウガ、大葉、白ゴマを加えて叩きながら混ぜ合わせる
⑥味を調えて盛りつける
タチウオの皮と銀箔はそのままで。それがタチウオの味。味付けは味噌だけだが好みで醤油を垂らしてもよい

タチウオ料理アラカルト

●味噌漬け

●材料：タチウオ800g、白味噌（甘口）500g、みりん30cc、酒30cc、醤油少々

●作り方
①タチウオの身を7～8cm幅にブツ切りする
②両面にうっすら塩を振る
③30分ほどおく
④白味噌、みりん、酒、醤油を合わせた味噌床に漬ける
⑤1日以上漬けてから取り出し味噌を落として焼く。味噌床に漬けた身は容器をしっかり密封、冷蔵庫に入れておけば2週間はもつ
表面の味噌をしっかり落として焼くと焦げずキレイに仕上がる。それが面倒な場合はタチウオをガーゼに挟んで漬けるとミソが身に付かず楽

●みりん干し

●材料：タチウオ、醤油 125cc、みりん 100cc、酒 50cc、砂糖小さじ 1.5 杯、白ゴマ

●作り方
①三枚に下ろしたタチウオの腹骨をすき取る
②切り分けた身の皮を下にしてバットに並べる
③軽く塩を振り 30 分
④流水で塩を洗い流しキッチンペーパーで水気を拭き取り皮目に飾り包丁を入れる
⑤ひと煮立ちさせた合わせた調味料をさましてて漬けダレにする。タチウオを入れ上からキッチンペーパーを被せ約 2 時間漬け込む
⑥漬け終わったら身に白ゴマを適量、干物用の干しカゴに入れて半日陰干し、もしくは一夜干し後、焼けば完成

●押し寿司

●材料：タチウオ、塩、寿司酢、砂糖、酒、昆布、白ゴマ、生姜

●作り方
①三枚に下ろし皮を引いたタチウオの身に薄塩をして一晩寝かせる
②塩をしっかり落とし酢、砂糖、酒を合わせ昆布と一緒に 5 ～ 6 時間漬け込む
③ご飯に寿司酢、白ゴマ、生姜のみじん切りを混ぜて寿司飯を作る
④木枠に入れて押し寿司にする。タチウオの身は半身のままではなく食べやすいように背中側と腹側に予め 2 分割してから寿司飯の上に乗せる
⑤食べやすい大きさに切って盛りつける。そのままでも美味しいがワサビ醤油も OK

タチウオ釣り用語集

■あ行

あげしお【上げ潮】
潮汐にもとづく海面変動で、干潮から満潮までの間に海面が上昇する潮の流れ。満ち潮、込み潮、差し潮ともいう。

あさまづめ【朝マヅメ】
夜が明け明るくなり始めた時刻から日の出までの時間。タチウオに限らず多くの魚たちが活発に摂餌行動をする。

あしすとふっく【アシストフック】
ルアーなどに本来付いているハリとは別に補助的に付けるハリのこと。

あわせ【アワセ】
魚がエサやルアーを食ったアタリを感じたときに、サオなどをあおって魚にハリを掛ける動作。

いぐい【居食い】
釣り人にアタリが感じられないまま、エサやルアーに魚が食いついている状態。

いちもんじ【一文字】
関西、特に大阪湾で沖堤のこと。本来は真一文字に沖に設置された防波堤のこと。

いとふけ【イトフケ】
釣りの最中に釣りイトが弛んだ状態、または弛んだ部分。ラインスラック。

いれぐい【入れ食い】
仕掛けを入れるたび、すぐにどんどん魚が食いついて釣れること。

おかっぱり【陸っぱり】
沖堤など渡船で渡る場合も含めて陸から釣りをすること。

おまつり【オマツリ】
他の人と釣りイト、仕掛け同士が絡んでしまうこと。

おんす【オンス（ounce,記号:oz）】
ヤード・ポンド法の質量の単位。１ozは約28g。

■か行

かーぶふぉーる【カーブフォール】
イトを張った状態、テンションをかけた状態でルアーや仕掛けなどを海中に落とすこと。その軌道が真下ではなく斜めにカーブすることから。テンションフォールともいう。

かえし【カエシ】
ハリ先の少し手前内側向きにある突起で魚に掛かったハリを抜けにくくするのが目的。モドリ、アゴ、バーブともいう。

かけあがり【カケアガリ】
海底で斜面になっている部分。魚のエサになる小動物や小魚が集まり好ポイントを形成する。

きすいいき【汽水域】
河口周辺、川の下流域、川が注ぎ込む内湾など、淡水と海水が混じり合い塩分濃度が海水より低い水域。

きんく【キンク】
イト、綱、髪、鎖などのヨレ、ヨジレのことで、釣りではワイヤリーダーが折れ曲がる状態をいうことが多い。キンクが発生した部分は強度が落ちる。

ぐろー【グロー（glow）】
英語では白熱（光）、赤熱（光）、（赤い）光、輝き、（ほおの）赤らみ、紅潮、よい色つや、（身体の）ほてり、暖かさ、高まりを意味する。釣りではルアーなどで蓄光発光する塗料を塗られたものをグローカラーと呼ぶ。

けいむら【ケイムラ】
蛍光色の一種で紫外線を可視光線に変換し青白く発光する特殊蛍光体のこと。タチウオ釣りではワームやルアーの塗料として使われる。

けみかるらいと【ケミカルライト】
サイリューム、ルミカなど化学発光による照明器具、発光体の総称。釣りではルミカのケミホタルが代表格でタチウオ釣りには欠かせないアイテム。

■さ行

さみんぐ【サミング】
thumb（サム＝親指）をリールのスプールに当てて放出されるラインにブレーキをかける行為。人差し指でブレーキングするスピニングリールの場合でもサミングと呼ぶことがあるが本来はフェザリング。

さるかん【サルカン】
釣りイト同士をつなぐ接続金具。回転構造でイトヨレを戻す効果がありヨリモドシとも呼ばれる。スイベルも同意。

じあい【時合】
魚がエサをよく食べる頃合い、時刻。朝夕のマヅメのほか潮の流れ方などでも時合になる。

しおめ【潮目】
流れ方が違う2つの潮流が接している境界線。多くの場合、泡や漂流物が筋状に集まり潮の合わせ目が視認できることから潮目と呼ばれる。潮目にはプランクトン、小魚が集まりやすくタチウオの好ポイントでもある。

じぐ【ジグ】

鉛などの金属で作られたルアー。船では海中に沈めてシャクりながら釣ったり、陸っぱりでは遠投して、沖の深場を探るときに使用。メタルジグ。

じぐへっど【ジグヘッド】

ハリと金属のオモリ部分が一体化した形状でハリにはワームなどをセットして使用する。タチウオ釣りのワインドもジグヘッドとワームを使った釣り方。

じゃーく【ジャーク】

言葉の意味は急にぐいと引くこと、ぐいと押すこと。釣りでは投げ込んだルアーをサオをあおって引き上げること。

しゃっどてーる【シャッドテール】

シャッドは産卵のため海から淡水に移動するニシン科の小魚のことで、それを模したルアーがシャッドプラグ。シャッドテールは水流を受けて左右に大きく動くワームの尻尾(テール)のこと。これもシャッドの尾ビレを模したものと思われる。その特性上、タダ巻きでタチウオにアピールが可能。

しょあ【ショア】

海や湖、川の岸のことだが本来は水上から見た場合に用いる。陸から見た海岸はコースト。

しょーとばいと【ショートバイト】

ルアー釣りで魚の食いつきが浅いこと。アタリは分かるがハリ掛かりしにくく、ハリに掛かっても外れやすい。

しんかー【シンカー】

オモリのこと。

しんきんぐ【シンキング】

「沈む」の意。シンキングルアーは沈むタイプのルアー。

すいべる【スイベル】

サルカン、ヨリモドシと同意。

すなっぷ【スナップ】

イトに結ぶ金具でルアーやサルカンなどを簡単に素早く接続できる。開閉式のほか、さらに簡単な引っ掛けるだけのものもある。

すれがかり【スレ掛かり】

魚の口以外の体表部分にハリが掛かること。

そふとるあー【ソフトルアー】

樹脂製で弾力がある軟らかい素材で作られたルアー。ワームなど。

■た行

だーと【ダート】

ルアーが左右にズレ動くこと。ダートロード（未舗装の道路）で自動車が不安定な左右の挙動をすることからイメージされたものと思われる。

たかぎれ【高切れ】
釣りの最中、ハリスやリーダーではなくミチイトやラインの部分から切れてしまうこと。

ただまき【タダ巻き】
投げ込んだルアーなどに特別なアクションをかけず、リールをただ巻くだけで引いてくること。

たな【タナ】
魚がいる水中の層、泳層。レンジともいう。

ちゃーと【チャート】
ルアーなどに使われるカラーリングのひとつで、正確にはチャートリュース。蛍光黄緑色でフランスの修道院で作られたリキュールが語源。

ちゃたー【チャター】
英語の本来の意味は「ぺちゃくちゃしゃべる」「くだらないことをしゃべる」「けたたましく鳴く」「ガチガチ音を立てる」という意味。釣りではルアーなどに取り付けられた振動板のことを指す。

でっどすろー【デッドスロー】
非常にゆっくりした速度のこと。ルアーを引く速度を表す際に用いられる。

てんしょんふぉーる【テンションフォール】
カーブフォールと同意。

てんや【テンヤ】
ハリとオモリが一体となった日本古来の漁具。和式ジグヘッド。タチウオ釣りでは引き釣りや船からの釣りに使用される。

どらごん【ドラゴン】
特大クラスのタチウオの大きさを龍にたとえて表した言葉。どこからがドラゴンか線引きは難しいが陸っぱりの釣りでも最低でメーターオーバー、魚体の幅が指5、6本以上はほしい。

とれーらー【トレーラー】
引きずる人、物、後に付いていく人、物が本来の意味。釣りではルアーの後ろに補助的に取り付けるもの全般をいう。広い意味でジグヘッドにセットするワームやアシストフックもトレーラー。

とれぶるふっく【トレブルフック】
3本のハリを１２０度間隔で一体化した3本バリ、トリプルフックのこと。トレブル、トリプルも「3重」「3倍の」

という意味。

■な行

にまいじお【二枚潮】
表層と宙層、または底層で流れる方向が違う潮のこと。三枚潮も存在する。

のーしんかー【ノーシンカー】
オモリなしのこと。

のっと【ノット】
イトを結ぶ方法。FGノット、クリンチノットなど。

■は行

はーどるあー【ハードルアー】
本体が樹脂や木材、金属などで作られた硬いルアーのこと。

ばーぶれす【バーブレス】
ハリにカエシ、モドリがないこと。

ばいと【バイト】
噛む、噛み付く、食いつくという意味。釣りではルアーやエサに魚が食いつくことをいう。

ばいぶれーしょん【バイブレーション】
震動、震えのこと。釣りでは引くだけでブルブル震えるルアーのことをいう。バイブレーションルアー。樹脂製、金属製などがある。

ぴーいーらいん【PEライン】
高分子量ポリエチレンで作られた釣りイト。伸びがほとんどなく高感度、強度的に優れるため細くできる。

ひろ【ヒロ】
長さの単位。両手を左右一杯に広げた長さで約1・5m。

ぴんてーる【ピンテール】
ピンテールワーム。テール（尻尾）部分が細い棒状になっているワーム。

ふぃっしゅいーたー【フィッシュイーター】
魚食魚。魚をエサにしている魚。タチウオは紛れもなくフィッシュイーターである。

ふぉーる【フォール】
ルアーや仕掛けを沈下させること。

ふらっぷちょうほう【フラップ釣法】
タチウオ釣りの伝統釣法であるテンヤの引き釣りとルアーのワーミングを融合させたタチウオの新メソッド。

ふりーふぉーる【フリーフォール】
イトを張らず、テンションをかけずにルアーなどを自由に沈下させること。

べいと【ベイト】
ねらいの魚のエサになっている小魚。

べるときゅう【ベルト級】
非常に小さいタチウオの大きさを表す言葉で、ズボンのベルトぐらいの幅しかない、という意味。

■ま行

みおすじ【ミオ筋】
港に出入りする船のために人工的に掘られた海底の溝のこと。

みずしお【水潮】
大雨などにより大量の真水が海に流れ出て塩分濃度が低くなった海水のこと。

■や行

ゆうまづめ【タマヅメ】
日没前後の時間帯のこと。朝マヅメ同様、タチウオに限らず多くの魚たちが活発に摂餌行動をする時合。

よりもどし【ヨリモドシ】
サルカンと同意。

■ら行

らいんすらっく【ラインスラック】
イトフケのこと。

らいんぶれいく【ラインブレイク】
イトが釣りの最中に切れてしまうこと。

りーだー【リーダー】
ラインとルアーの間に接続するイトのことで、魚の歯や根ズレなどで簡単に切れないようにするのが目的。ハリスのこと。タチウオ釣りではワイヤリーダーも使用する。

りぐ【リグ】
ルアーフィッシングでいう仕掛けのこと。

りとりーぶ【リトリーブ】
ルアーを引くこと。

りふとあんどふぉーる【リフト&フォール】
海中でルアーなどを持ち上げては沈下させる行為。

■わ行

わーみんぐ【ワーミング】
ワームを使用したルアーフィッシング。

わーむ【ワーム】
英語でミミズやサナダムシなど細長い虫の俗称。釣りでは、それらを模した樹脂製のソフトルアーの総称。

わいんどちょうほう【ワインド釣法】
専用ワームのマナティーと専用ジグヘッドのZZヘッドを用い、海中を上下左右にワインドアクションさせながらフィッシュイーターを刺激して食いつかせるルアーフィッシングの一手法。

タチウオ釣り全部わかるBOOK

2018年8月1日発行

編　者　つり人社書籍編集部
発行者　山根和明
発行所　株式会社つり人社

〒101－8408　東京都千代田区神田神保町1-30-13
TEL 03-3294-0781（営業部）
TEL 03-3294-0766（編集部）
印刷・製本　図書印刷株式会社

乱丁、落丁などありましたらお取り替えいたします。

ISBN：978-4-86447-322-4 C2075
つり人社ホームページ　https://tsuribito.co.jp/
つり人オンライン　https://web.tsuribito.co.jp
TSURIBITO.TV-You Tube https://www.youtube.com/user/eTSURIBITO
釣り人道具店　http://tsuribito-dougu.com/